U0154453

教師協作

教學輔導案例輯

張民杰　賴光眞　主編

五南圖書出版公司 印行

推薦序

　　教學輔導教師儲訓課程從民國95年試辦開始，迄今已經十年，儲訓的中小學教學輔導教師共有1,181位。這些優秀的教學輔導教師在校園裡，扮演著另一雙善意的眼睛，帶領著夥伴教師在教學、班級經營和行政等方面獲得專業成長，進而讓學生獲得更高品質的學習，可見教學輔導教師的角色絕對是教師專業發展過程中不可或缺的角色。

　　本司在104年委託國立臺灣師範大學舉辦的第三屆「師資培育教材教法國際學術研討會」，曾經邀請美國教學研究的大師Lee Shulman來臺演講，也同時邀請其妻Judith Shulman舉辦案例撰寫的工作坊，工作坊中提到案例教學和案例的編輯確實可以作為教師專業成長的方法和材料。更早之前，Shulman在1986年就曾指出案例教學而獲得的案例知識，可以補充說明命題知識，並發展出策略知識，作為理論與實務之間的橋梁。因此，本司希望藉由教學輔導教師輔導案例輯的出版，不但可以作為未來教學輔導教師輔導夥伴教師之參考，也可以提供其他教師作為專業成長、研習進修運用。

　　此次能出版案例輯，首先感謝臺北市、新北市、基隆市之國中、高中職教學輔導教師願意提供實際的輔導案例，內容豐富且主題多元，廣泛包含：班級經營、親師溝通、學習動機、學生輔導、團體動力、差異化教學等。其次感謝國小、國中、高中職及大學的多位師長針對案例給予回饋，提供多元的觀點和有效的策略，讓案例的關鍵問題得到解決。最後則感謝國立臺灣師範大學師資培育與就業輔導處張民杰教授、東吳大學師資培育中心賴光真主任共同主編案例輯，讓本書得以付梓，為教師專業成長增添另一項寶貴的參考資源。

師資培育暨藝術教育司司長

張明文 謹識

2017年3月

主編序

　　本案例輯內容來自教學輔導教師儲訓認證資料的協作評估表，協作評估表用以作為教學輔導教師協助夥伴教師之事前計畫會談表、輔導紀錄表與問題解決後會談表。本表係在潘慧玲教授領導下，參考美國加州大學聖塔克魯茲分校（the University of California, Santa Cruz）初任教師中心的形成性評估制度（New Teacher Center Formative Assessment System, FAS）（New Teacher Center at the University of California, Santa Cruz, 2005），研發「學習導向的教學領導者」教材的成果。此「協作評估表」，乃作為教學輔導教師與夥伴教師專業對話的紀錄。在每次對話或會談的過程，夥伴教師會分享實際遭遇的案例，尋求教學輔導教師的協助，本案例輯就是在這個輔導歷程下的產物。

　　感謝22位教學輔導教師提供1至2篇輔導案例，於此致謝：（依姓名筆劃排序）吳春緩老師、吳黛玲老師、李世軍老師、林秀娟老師、林玟慧老師、林秋慧老師、林璀瑤老師、祁憶蔚老師、張馥老師、陳杏姿老師、陳玲玲老師、陳婉甄老師、彭舒伶老師、曾蕾頻老師、程意詔老師、黃义琪老師、楊玉曲老師、葉玲旭老師、董妍希老師、蔡文雅老師、謝湘麗老師、闕曉瑩老師。

　　感謝多位師長撰寫案例回饋並參與編輯會議給予許多指導，於此致謝：（依姓名筆劃排序）吳志伯老師、李雪鳳校長、林秀娟老師、林玟慧老師、祁憶蔚老師、施俞旭校長、洪雪卿老師、高博銓教授、張翠雲老師、陳玉娟教授、陳英杰老師、陳採卿前校長、陳慧娟教授、彭舒伶老師、曾政清老師、程意詔老師、黃月銀老師、黃淑馨前校長、楊慧娟老師、葉坤靈教授、董妍希老師、劉榮嫦前校長、蔡文雅老師、蔡惠青老師、蔣佳良校長、鄭為國前校長、賴文堅教授、濮世緯教授、謝湘麗老師、韓桂英前校長。

張民杰、賴光真
於國立臺灣師範大學
2017年4月

目 次

案例與關鍵詞對照表

案例	關鍵詞
案例1-1 上課永無寧靜的吳靜	課堂干擾、秩序維持、課堂規範
案例1-2 浮躁不定的上課秩序	課堂規範、秩序維持、學習動機
案例1-3 社會老師的「自然」困境	秩序維持、課堂規範、學習動機、學習價值導正
案例1-4 To talk or not to talk, that is the question	課堂參與、作業繳交、學生先備知能、學習成效
案例1-5 搶救學習動機之晨讀大作戰	學習動機、學習自信、閱讀教育、親師溝通
案例2-1 整潔名次倒數四連莊	生活常規、整潔維護、榮譽精神、班級風氣、班級幹部
案例2-2 當繼任導師遇到無為幹部	班級幹部、團隊精神、繼任教師
案例2-3 大為老師課間操競賽的大作為	團體動力、班級向心、班際競賽
案例2-4 被資源回收耽誤的午後課堂	班務指導、事務分派、行政支援
案例3-1 我的課堂鬧哄哄	特殊學生輔導、秩序維持、課堂規範
案例3-2 好問不好禮的特殊學生	特殊學生輔導、課堂干擾、課堂提問、師生關係
案例3-3 為什麼都是我？	特殊學生輔導、同儕關係
案例3-4 讓大目老師望穿秋水的作業	作業繳交、課業輔導、親師溝通、同儕關係
案例3-5 特教老師入班宣導頭一遭	特殊學生輔導、妥瑞氏症、自閉症、入班宣導
案例3-6 協助學生走過喪母之痛	悲傷輔導、死亡教育
案例4-1 遲到的學生與斷線的家長	慣性遲到、親師溝通
案例4-2 瀕臨「曠滿畢業」的阿達	慣性遲到、曠課、親師溝通、親職教育、隔代教養
案例4-3 形同虛設的遲到班規	班級規範、班規執行、遲到

案例5-1 學生嗆聲事件	師生衝突、師生關係、學習動機
案例5-2 晚餐時間的髒話衝突事件	同儕衝突、髒話處置、情緒管理
案例5-3 同窗造謠嘲諷情何堪	語言霸凌、特殊學生輔導
案例6-1 令人焦慮不安的家長日	親師座談、親師溝通、升學輔導、新進教師輔導
案例6-2 學校日應接不暇的家長提議	親師座談、親師溝通、即時通訊軟體
案例6-3 學校日之後的懸念	親師關係、親師溝通、導師
案例6-4 家長不信任、學生不配合，我該怎麼辦？	親師座談、親師溝通、班級幹部、服務精神
案例6-5 我哪有不接電話、哪有凶？	親師溝通、師生互動、帶班理念

導讀篇

輔導工具

協作評估表的內涵與使用

　　教師專業發展評鑑共有三類的人才培訓，包括評鑑人員初階培訓、評鑑人員進階培訓、教學輔導教師儲訓。其中教學輔導教師儲訓課程，係在培養教學輔導教師，經過儲訓完成後可以協助校內新進教師等夥伴教師，共同專業成長。為了提供一個聚焦於教學輔導教師與夥伴教師的架構，教育部委託教師專業發展評鑑區域人才培訓中心（北北基中學組）在潘慧玲教授的帶領之下，參考美國加州大學聖塔克魯茲分校（the University of California, Santa Cruz）初任教師中心的形成性評估制度（New Teacher Center Formative Assessment System, FAS）（New Teacher Center at the University of California, Santa Cruz, 2005），發展出「協作評估表」（Collaborative Assessment Log）（張民杰、黃淑馨、韓桂英、莊淉芬、黃月銀、陳瑞榮、蔡永強、蘇柔雯、高莞婷，2013），以作為教學輔導教師和夥伴教師專業對話的專業成長紀錄。

　　初任教師通常會專注於課堂上進展不順利的事情，很少承認自己的成功事項，而容易變得沮喪和不知所措。教學輔導教師和這些初任的夥伴教師對話時，是告訴他們成功和挑戰的最好機會，並以結構和協作的方式來優先處理他們面臨的挑戰。而確認了這些特定的成功和挑戰之後，也可以和教師專業發展規準相關聯，以協助教師的專業成長。使用協作評估表，可以讓教學輔導教師聚焦其支持和專業能力來回應與協助夥伴教師的特定需求。經常運用這項工具來對話，可以形成初任教師建立積極反思和自我評估的專業習慣，成為教學輔導教師和初任教師一起努力促進專業成長的有價值文件（New Teacher Center at the University of California, Santa Cruz, 2005）。

　　以下針對工具設計的構想、編製目的、準備事項（會談前的準備和所需資料）、引導步驟和成功祕訣加以說明，附錄並呈現本項表格，以及臺北市立中山女高、新北市立瑞芳高工、臺北市立南門國中的實際運用範例。

一、工具設計的構想

(一) 用途

從上述可知，協作評估表有以下兩項用途：

1. 能有系統、結構性的記錄教學輔導老師和夥伴教師的互動事項。
2. 能呈現夥伴教師的關注焦點和專業成長歷程。

(二) 使用時機

我們使用協作評估表的時機如下：

1. 教學輔導老師和夥伴教師要建立信任關係，願意使用本工具。
2. 可以在教學輔導老師和夥伴教師會談時使用，定期會談更是最好的時機。
3. 平時夥伴教師可以使用本工具和教學輔導老師溝通（採e-mail或書面均可）。
4. 平時教學輔導老師可使用本工具對夥伴教師的班級經營和教學，做簡要的觀察記錄。

(三) 使用方式

1. 教學輔導老師先引導夥伴教師瞭解「協作評估表」的內容。
2. 會談內容要根據教師專業發展規準，關注夥伴教師專業發展的重點。
3. 教學輔導老師和夥伴教師定期會談時，將互動情形記錄於表內。
4. 本表原則上由教學輔導教師記錄。若經討論，亦可和夥伴教師輪流記錄。
5. 會談記錄完成後要影印，彼此各留一份（最好是電子檔），放入教學檔案內。

二、編製的目的

「協作評估表」編製的目的，是記錄教學輔導教師和夥伴教師互動內容，能呈現夥伴教師專業成長的歷程。

三、準備事項

運用「協作評估表」，教學輔導教師和夥伴教師在會談前應該做一些事前的準備，這些準備工作事項，詳如表1-1。教學輔導教師要掌握整個會談的情境脈絡，對互動省思表、夥伴教師的表現、上次和本次會談的主題和重點，以及要達成的目標有所瞭解；而夥伴教師就是針對自己的近期狀況、上次會談事項的努力和精進情形、本次會談的主題和想要尋求協助之處，有所釐清和掌握。

表1-1　教學輔導教師和夥伴教師會談前的準備事項一覽表

教學輔導教師的準備	夥伴教師的準備
1. 布置並營造一個溫馨的環境，以利會談之進行。 2. 熟悉「協作評估表」內容、使用方式和時機。 3. 思考如何引導夥伴教師討論的歷程和內容。 4. 瞭解前次會談的內容和這次要討論的主題。 5. 對夥伴教師表現的觀察。 6. 熟悉教師專業發展規準或是教師專業成長的目標。	1. 自己近期表現的優勢和值得肯定之處。 2. 針對上次會談關切之焦點所做的努力和精進之處。 3. 本次會談的主題，其重點、內容和需要教學輔導老師協助之事項。

四、引導步驟

教學輔導教師如何運用「協作評估表」來引導和夥伴教師對話和會談呢？以下是引導的具體步驟，步驟(一)適用第一次會談，(二)至(五)為每次的會談步驟，具循環性，說明如下：

(一) 「確認會談目標與工具」：第一次會談（5分鐘）

第一次會談先運用這個步驟，約5分鐘時間，說明以下事項：

1. 教學輔導教師說明本表（工具）的內涵、用途、使用時機和方式，以及預定達成的目標。
2. 教學輔導教師應該以傾聽來和夥伴教師建立信任關係與連結。

3. 「協作評估表」所列的教師專業發展規準，係教育部105年4月22日所修正的105年版教師專業發展評鑑規準。

4. 討論定期會談的時間和地點。

(二)「引導夥伴教師分享自己的優勢和值得肯定之處」（5分鐘）

　　第二次會談以後，就是以此第一個欄位作為第一個步驟，讓夥伴教師先找到自己成功之處，肯定自己，使用的時間也約5分鐘：

1. 通常夥伴教師因經驗不足，缺乏自信，教學輔導教師要引導夥伴教師分享上次會談後，自己的表現優勢、進步和值得肯定之處。

2. 若夥伴教師無法說出自己的優點時，教學輔導教師可以根據自己的觀察，適時引導夥伴教師說出他們表現不錯的地方，以建立其信心，並具體瞭解其優點。如：「貴班詩歌朗誦比賽得第三名，很不錯的成績，您是如何指導的呢？」、「貴班陳小美，這週上國文課時不再隨意走動，您是如何輔導的？」等。

3. 第二次會談開始，在這個階段教學輔導教師要營造一個檢視上次會談實施情形的習慣，以提醒夥伴教師聚焦在關注的焦點、議題，讓專業成長能夠延續，並考慮未來的可能成果。

(三)「引導夥伴教師討論目前所遇到的困難和挑戰」（20-50分鐘）

　　第二個欄位是會談的主要核心，試著找出夥伴教師目前遇到的困難和挑戰，教學輔導教師以專業和協作的方式，與夥伴教師共同解決之道：

1. 夥伴教師自我期許較高，希望能有效的處理工作，如：班級經營、課程發展、親師溝通、教學設計、學習評量和個案輔導等，但往往力不從心，產生挫折。此時，教學輔導教師要有耐心的瞭解夥伴教師所關注的焦點，花時間和他討論，逐步釐清問題，並根據教師專業發展規準和專業成長的目標，與教學輔導教師自身的專業經驗，聚焦對話引導夥伴教師提出解決策略。

2. 教學輔導教師和夥伴教師要建立信任關係，無論是哪方面的問題，教學輔導教師都要積極傾聽，以同理心引領夥伴教師說出真正問題的癥結，並提供支援協助陪伴共同解決問題。討論問題時要聚焦，

若問題難度較高或問題數量較多時，可以和夥伴教師訂出優先順序與時間表，逐步處理。

(四) 「夥伴教師和教學輔導教師下一步的行動」（10分鐘）

這個步驟在整理出會談的重點，與接下來夥伴教師可據以執行的行動方案，這些協助可以包括合作發展課程、共同問題解決、教導新策略、詢問反思的問題、提供建議、或提供訊息和資源等，時間約10分鐘，做法如下：

1. 根據步驟(三)所討論的焦點問題，引導夥伴教師說出下一步要採取的具體解決策略，並執行之。

2. 教學輔導教師要協助夥伴教師發展短期能達成的目標和行動，以增加成功的機會，獲得成就感。

3. 根據夥伴教師的問題，教學輔導教師要提供專業的協助和必要的資源。教學輔導教師也要判斷一下行動方案的適度性，取得夥伴教師明確的承諾，並建立績效責任。

(五) 「總結」（5分鐘）

最後要把整個會談做個結束，時間約5分鐘，重點如下：

1. 教學輔導教師再度肯定和鼓勵夥伴教師的表現，並謝謝夥伴教師的分享。

2. 教學輔導教師簡要說明下次會談的重點，並和夥伴教師確認彼此需要努力和合作之處。

3. 表格底下有教師專業發展規準供教師勾選，以瞭解這是屬於哪一個教師專業成長的項目，有助於教師的專業省思。如前所述，目前表格所列是教育部105年4月22日所修正的105年版教師專業發展評鑑規準。其實也可以依據校本規準或是教師們共同討論的專業成長目的，加以討論和勾選。

4. 決定下次會談的主題、時間和地點。

以上的引導步驟可以用圖1-1來加以說明，整個會談時間可以從45分鐘到90分鐘，視夥伴教師目前面臨的問題或困境的難易多寡而有所彈性調整。

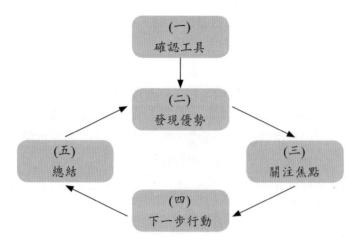

圖1-1　協作評估表的引導步驟

五、成功祕訣

　　教學輔導教師如何運用「協作評估表」，來達成引導夥伴教師專業成長的目標呢？以下是成功的祕訣：

1. 教學輔導教師和夥伴教師要定期會談，根據夥伴教師需求和專業成長計畫，有系統的對話並記錄。
2. 教學輔導教師和夥伴教師要建立信任關係，教學輔導教師要主動關懷提供協助，夥伴教師要主動提問，尋求資源，在彼此共學下，專業成長。
3. 每次會談時，教學輔導教師要和夥伴教師回顧上次會談的主題和內容，以追蹤執行情形，有利下一步的學習。
4. 會談內容要聚焦在教師專業發展的達成策略，「協作評估表」的內容可以呈現夥伴教師成長的軌跡。
5. 可以善用「協作評估表」，除了記錄定期會談內容外，也可當成平時溝通和觀察的工具。

六、使用實例

協作評估表

夥伴教師（mentee）姓名：_____ 教學輔導老師（mentor）姓名：_____

夥伴教師任教年級／學科：_____ 會談日期：____年____月____日

一、主題：（可複選）

□1.環境脈絡認識 □2.班級經營 □3.親師溝通 □4.教學設計 □5.教學觀察 □6.教學省思 □7.專業成長 □8.學習成果分析 □9.個案討論 □10.其他：_____

二、紀錄：

夥伴教師優勢與肯定	夥伴教師關注焦點與挑戰
夥伴省思與下一步行動	教學輔導老師回饋與下一步行動

教師專業發展規準：請選出本次會談重點規準，可複選（本規準為教育部1050422修正之教師專業發展評鑑規準）

□A-1-1參照課程綱要與學生特質明訂教學目標，並研擬課程與教學計畫或個別化教育計畫（IEP）。□A-1-2依據教學目標與學生需求，選編適合之教材。□A-2-1有效連結學生的新舊知能或生活經驗，引發與維持學生學習動機。□A-2-2清晰呈現教材內容，協助學生習得重要概念、原則或技能。□A-2-3提供適當的練習或活動，以理解或熟練學習內容。□A-2-4完成每個學習活動後，適時歸納或總結學習重點。□A-3-1運用適切的教學方法，引導學生思考、討論或實作。□A-3-2教學活動中能融入學習策略的指導。□A-3-3運用口語、非口語、教室走動等溝通技巧，幫助學生學習。□A-4-1運用多元評量方式，評估學生學習成效。□A-4-2分析評量結果，適時提供學生適切的學習回饋。□A-4-3根據評量結果，調整教學。□A-4-4運用評量結果，規劃實施充實或補強性課程。□B-1-1建立有助於學生學習的課堂規範。□B-1-2適切引導或回應學生的行為表現。□B-2-1安排適切的教學環境與設施，促進師生互動與學生學習。□B-2-2營造溫暖的學習氣氛，促進師生之間的合作關係。□B-3-1建立並分析學生輔導的相關資料，瞭解學生差異。□B-3-2運用學生輔導的相關資料，有效引導學生適性發展。□B-4-1運用多元溝通方式，向家長說明教學、評量與班級經營理念及做法。□B-4-2通知家長有關學生在校學習、生活及其他表現情形，促進家長共同關心和協助學生學習與發展。

下次會談日期：____年____月____日

下次會談預定主題：_____

協作評估表（高中範例一）

夥伴教師（mentee）姓名：陳○○　　教學輔導老師（mentor）姓名：莊○○

夥伴教師任教年級／學科：高一／國文科　　會談日期：101年10月30日

一、主題：（可複選）

□1.環境脈絡認識 ■2.班級經營 □3.親師溝通 □4.教學設計 □5.教學觀察 □6.教學省思 □7.專業成長 □8.學習成果分析 □9.個案討論 □10.其他：＿＿＿＿＿＿＿＿

二、紀錄：

夥伴教師優勢與肯定	夥伴教師關注焦點與挑戰
1. 能細心觀察，發現學生行為問題所在，以沉靜從容態度因應。 2. 關心、瞭解學生團體生活面臨的困境，嘗試找尋原因及解決之道。	1. 班級對有氧舞蹈比賽不熱衷。 2. 學生自信心不足，推卻公共事務。
夥伴教師省思與下一步行動	教學輔導老師回饋與下一步行動
1. 陳老師希望找回全班一起投入團體事務的感覺，發現班長和風紀股長較不能委以大任。 2. 過去類似情況陳老師會以道理說服學生，學生也能受教聽從，因此以理說之將是陳老師行動的第一步。	1. 試著與班長和風紀股長溝通，甚至每個月安排一次幹部會議共同討論、解決班上問題。 2. 以管理學的概念輔助幹部，共同架構起有力量的、有向心力的班級。 3. 第二次期中考前先給予學生時間管理的知識、概念，期中考後請學科成績表現優異同學真誠分享經驗，凝聚班上讀書風氣。 4. 除幹部外，班上公共事務可採付委制，讓更多有能力同學參與，以鼓勵、更多的讚美，把師生所期待的班級特質發揚光大。
教師專業發展規準：請選出本次會談重點規準，可複選（本規準為教育部1050422修正之教師專業發展評鑑規準） □A-1-1參照課程綱要與學生特質明訂教學目標，並研擬課程與教學計畫或個別化教育計畫（IEP）。□A-1-2依據教學目標與學生需求，選編適合之教材。□A-2-1有效連結學生的新舊知能或生活經驗，引發與維持學生學習動機。□A-	

2-2清晰呈現教材內容，協助學生習得重要概念、原則或技能。□A-2-3提供適當的練習或活動，以理解或熟練學習內容。□A-2-4完成每個學習活動後，適時歸納或總結學習重點。□A-3-1運用適切的教學方法，引導學生思考、討論或實作。□A-3-2教學活動中能融入學習策略的指導。■A-3-3運用口語、非口語、教室走動等溝通技巧，幫助學生學習。□A-4-1運用多元評量方式，評估學生學習成效。■A-4-2分析評量結果，適時提供學生適切的學習回饋。□A-4-3根據評量結果，調整教學。□A-4-4運用評量結果，規劃實施充實或補強性課程。□B-1-1建立有助於學生學習的課堂規範。□B-1-2適切引導或回應學生的行為表現。■B-2-1安排適切的教學環境與設施，促進師生互動與學生學習。■B-2-2營造溫暖的學習氣氛，促進師生之間的合作關係。□B-3-1建立並分析學生輔導的相關資料，瞭解學生差異。■B-3-2運用學生輔導的相關資料，有效引導學生適性發展。□B-4-1運用多元溝通方式，向家長說明教學、評量與班級經營理念及做法。□B-4-2通知家長有關學生在校學習、生活及其他表現情形，促進家長共同關心和協助學生學習與發展。

下次會談日期：101年11月30日

下次會談預定主題：如何經營班級積極參與及學習氣氛

協作評估表（高中範例二）

夥伴教師（mentee）姓名：陳○○　　教學輔導老師（mentor）姓名：莊○○

夥伴教師任教年級／學科：高一／國文科　　會談日期：101年11月23日

一、主題：（可複選）

□1.環境脈絡認識 ■2.班級經營 □3.親師溝通 □4.教學設計 □5.教學觀察 □6.教學省思 □7.專業成長 □8.學習成果分析 □9.個案討論 □10.其他：＿＿＿＿＿＿＿

二、紀錄：

夥伴教師優勢與肯定	夥伴教師關注焦點與挑戰
1. 能用心傾聽學生述說。 2. 能細心體察學生作為。 3. 除談話時積極給予回應，並提出有效作為改善團體分工狀況。	1. 校慶園遊會攤位能適才適性分工。 2. 讓每一位學生發揮專長、因應當日個別需求，投入校慶活動分工。 3. 提升對學習狀況的掌握與自信。
夥伴教師省思與下一步行動	**教學輔導老師回饋與下一步行動**
1. 依期中學務會議及校慶籌備會議結論，初步規劃全班校慶分工表。 2. 將分工表於幹部會議、班會提出討論，進行工作確認。 3. 由二次期中考表現歸納全班進步之處，給予具體讚美肯定。	1. 可運用學習風格檢視表、班級（學習）氣氛感受表，針對個人與班級學習狀況具體檢視。 2. 從付委制的校慶分工持續觀察學生表現，對於能展現服務精神、於班會積極參與討論，熱衷於籌備校慶的學生大大地給予讚美，讓這樣的態度型塑出班級風格。

教師專業發展規準：請選出本次會談重點規準，可複選（本規準為教育部1050422修正之教師專業發展評鑑規準）

□A-1-1參照課程綱要與學生特質明訂教學目標，並研擬課程與教學計畫或個別化教育計畫（IEP）。□A-1-2依據教學目標與學生需求，選編適合之教材。□A-2-1有效連結學生的新舊知能或生活經驗，引發與維持學生學習動機。□A-2-2清晰呈現教材內容，協助學生習得重要概念、原則或技能。□A-2-3提供適當的練習或活動，以理解或熟練學習內容。□A-2-4完成每個學習活動後，適時歸納或總結學習重點。□A-3-1運用適切的教學方法，引導學生思考、討論或實作。□A-3-2教學活動中能融入學習策略的指導。■A-3-3運用口語、非口語、教室走動等溝通技巧，幫助學生學習。□A-4-1運用多元評量方式，評估學生

學習成效。■A-4-2分析評量結果，適時提供學生適切的學習回饋。□A-4-3根據評量結果，調整教學。□A-4-4運用評量結果，規劃實施充實或補強性課程。□B-1-1建立有助於學生學習的課堂規範。□B-1-2適切引導或回應學生的行為表現。■B-2-1安排適切的教學環境與設施，促進師生互動與學生學習。■B-2-2營造溫暖的學習氣氛，促進師生之間的合作關係。□B-3-1建立並分析學生輔導的相關資料，瞭解學生差異。■B-3-2運用學生輔導的相關資料，有效引導學生適性發展。□B-4-1運用多元溝通方式，向家長說明教學、評量與班級經營理念及做法。□B-4-2通知家長有關學生在校學習、生活及其他表現情形，促進家長共同關心和協助學生學習與發展。

下次會談日期：<u>101</u>年<u>12</u>月<u>30</u>日

下次會談預定主題：<u>班級期末瞻顧與德育評量之落實</u>

協作評估表（高職範例一）

夥伴教師（mentee）姓名：<u>李○○</u>　　教學輔導老師（mentor）姓名：<u>蔡○○</u>

夥伴教師任教年級／學科：<u>三年級英文科</u>　　會談日期：<u>101年8月29日</u>

一、主題：（可複選）

■1.環境脈絡認識 ■2.班級經營 □3.親師溝通 □4.教學設計 □5.教學觀察 □6.教學省思 □7.專業成長 □8.學習成果分析 □9.個案討論 □10.其他：＿＿＿＿＿＿＿＿＿

二、紀錄：

夥伴教師優勢與肯定	夥伴教師關注焦點與挑戰
1. 國中課程熟稔，知道高職生英文先備基礎是什麼。 2. 四年教學經驗，已熟悉學校運作狀況。	1. 高三升學輔導工作（初任便擔任高三導師）。 2. 班級現況瞭解。
夥伴教師省思與下一步行動	**教學輔導老師回饋與下一步行動**
1. 至有關處室拿取資料（輔導室升學手冊；註冊組相關升學日程）。 2. 建立可供諮詢的教職員網路。 3. 閱讀手邊資料及請教應外及資應相關經驗帶班老師。	1. 帶領夥伴教師填寫工具二至工具四。 2. 實地引領夥伴教師認識校園及社區，並拜訪相關處室。 3. 預告十月分導師首要工作：親師座談。

教師專業發展規準：請選出本次會談重點規準，可複選（本規準爲教育部1050422修正之教師專業發展評鑑規準）

□A-1-1參照課程綱要與學生特質明訂教學目標，並研擬課程與教學計畫或個別化教育計畫（IEP）。□A-1-2依據教學目標與學生需求，選編適合之教材。□A-2-1有效連結學生的新舊知能或生活經驗，引發與維持學生學習動機。□A-2-2清晰呈現教材內容，協助學生習得重要概念、原則或技能。□A-2-3提供適當的練習或活動，以理解或熟練學習內容。□A-2-4完成每個學習活動後，適時歸納或總結學習重點。□A-3-1運用適切的教學方法，引導學生思考、討論或實作。□A-3-2教學活動中能融入學習策略的指導。■A-3-3運用口語、非口語、教室走動等溝通技巧，幫助學生學習。□A-4-1運用多元評量方式，評估學生學習成效。□A-4-2分析評量結果，適時提供學生適切的學習回饋。□A-4-3根據評量結果，調整教學。□A-4-4運用評量結果，規劃實施充實或補強性課程。

□B-1-1建立有助於學生學習的課堂規範。□B-1-2適切引導或回應學生的行為表現。□B-2-1安排適切的教學環境與設施,促進師生互動與學生學習。□B-2-2營造溫暖的學習氣氛,促進師生之間的合作關係。□B-3-1建立並分析學生輔導的相關資料,瞭解學生差異。□B-3-2運用學生輔導的相關資料,有效引導學生適性發展。□B-4-1運用多元溝通方式,向家長說明教學、評量與班級經營理念及做法。□B-4-2通知家長有關學生在校學習、生活及其他表現情形,促進家長共同關心和協助學生學習與發展。

下次會談日期:101年10月3日
下次會談預定主題:親師溝通

協作評估表（高職範例二）

夥伴教師（mentee）姓名：李○○　　教學輔導老師（mentor）姓名：蔡○○

夥伴教師任教年級/學科：三年級英文科　　會談日期：101年10月3日

一、主題：（可複選）

□1.環境脈絡認識 ■2.班級經營 ■3.親師溝通 □4.教學設計 □5.教學觀察 □6.教學省思 □7.專業成長 □8.學習成果分析 □9.個案討論 □10.其他：＿＿＿＿＿

二、紀錄：

夥伴教師優勢與肯定	夥伴教師關注焦點與挑戰
1.對學校各處室業務已有認知，能回答家長此方面之詢問。 2.親師座談前和多數家長已經聯絡過。 3.已熟讀學生輔導及獎懲資料，能針對個別家長回應學生在校概況。	1.親師座談的準備工作。 2.座談日如何與家長應對進退。
夥伴教師省思與下一步行動	教學輔導老師回饋與下一步行動
1.請教教學輔導教師應準備事項。 2.請教資深教師應準備事項。 3.條列式筆記應準備事項，並及早準備。	1.邀請其他資深教師參與會談。 2.分享個人經驗並整理成書面資料。 3.針對特殊個案，親師座談前要進行個案瞭解，親師座談後進行深度晤談及觀察。

教師專業發展規準：請選出本次會談重點規準，可複選（本規準為教育部1050422修正之教師專業發展評鑑規準）

□A-1-1參照課程綱要與學生特質明訂教學目標，並研擬課程與教學計畫或個別化教育計畫（IEP）。□A-1-2依據教學目標與學生需求，選編適合之教材。□A-2-1有效連結學生的新舊知能或生活經驗，引發與維持學生學習動機。□A-2-2清晰呈現教材內容，協助學生習得重要概念、原則或技能。□A-2-3提供適當的練習或活動，以理解或熟練學習內容。□A-2-4完成每個學習活動後，適時歸納或總結學習重點。□A-3-1運用適切的教學方法，引導學生思考、討論或實作。□A-3-2教學活動中能融入學習策略的指導。■A-3-3運用口語、非口語、教室走動等溝通技巧，幫助學生學習。□A-4-1運用多元評量方式，評估學生學習成效。□A-4-2分析評量結果，適時提供學生適切的學習回饋。□A-4-3根據

評量結果，調整教學。□A-4-4運用評量結果，規劃實施充實或補強性課程。□B-1-1建立有助於學生學習的課堂規範。□B-1-2適切引導或回應學生的行為表現。□B-2-1安排適切的教學環境與設施，促進師生互動與學生學習。□B-2-2營造溫暖的學習氣氛，促進師生之間的合作關係。□B-3-1建立並分析學生輔導的相關資料，瞭解學生差異。□B-3-2運用學生輔導的相關資料，有效引導學生適性發展。□B-4-1運用多元溝通方式，向家長說明教學、評量與班級經營理念及做法。□B-4-2通知家長有關學生在校學習、生活及其他表現情形，促進家長共同關心和協助學生學習與發展。

下次會談日期：101年11月7日

下次會談預定主題：個案討論

協作評估表（國中範例一）

夥伴教師（mentee）姓名：吳○○　　教學輔導老師（mentor）姓名：蘇○○

夥伴教師任教年級／學科：七年級國文　　日期：101年10月29日

一、主題：（可複選）

□1.環境脈絡認識 ■2.班級經營 □3.親師溝通 □4.教學設計 □5.教學觀察 □6.教學省思 ■7.專業成長 □8.學習成果分析 □9.個案討論 □10.其他：_____

二、紀錄：

夥伴教師優勢與肯定	夥伴教師關注焦點與挑戰
班級經營： 1.貼近學生，善於觀察學生狀況。 2.上課師生互動良好。 3.班級秩序尚稱良好。 4.投入大量時間、精力，在教學與班級經營中。 **教學專業成長：** 1.已有四年的教學經驗，具有專業知能。 2.時常與同年級教師討論教材內容。	**班級經營：** 1.提升學習弱勢者的學習動機，藉此提高全班的讀書風氣。 2.增加班級幹部的責任感，以增加班級自治的能力。 **教學專業成長：** 1.教材的熟悉度。 2.教學方法的多元化。 3.教具的使用。
夥伴教師省思與下一步行動	教學輔導老師回饋與下一步行動
班級經營： 1.建立學生對遵守常規的自覺。 2.召開幹部會議，增強班級自治。 **教學專業成長：** 1.利用課餘時間熟悉教材。 2.增強與國小教材的縱向聯繫。	1.夥伴教師對於個人教學工作上的優劣勢，掌握相當明確且清楚。 2.分享個人過去教學經驗所設計之相關教具，供夥伴教師參考。

教師專業發展規準：請選出本次會談重點規準，可複選（本規準為教育部1050422修正之教師專業發展評鑑規準）

□A-1-1參照課程綱要與學生特質明訂教學目標，並研擬課程與教學計畫或個別化教育計畫（IEP）。□A-1-2依據教學目標與學生需求，選編適合之教材。□A-2-1有效連結學生的新舊知能或生活經驗，引發與維持學生學習動機。■A-2-2清晰呈現教材內容，協助學生習得重要概念、原則或技能。□A-2-3提供適當的練習或活動，以理解或熟練學習內容。□A-2-4完成每個學習活動後，適時

歸納或總結學習重點。□A-3-1運用適切的教學方法，引導學生思考、討論或實作。□A-3-2教學活動中能融入學習策略的指導。□A-3-3運用口語、非口語、教室走動等溝通技巧，幫助學生學習。□A-4-1運用多元評量方式，評估學生學習成效。□A-4-2分析評量結果，適時提供學生適切的學習回饋。□A-4-3根據評量結果，調整教學。□A-4-4運用評量結果，規劃實施充實或補強性課程。■B-1-1建立有助於學生學習的課堂規範。□B-1-2適切引導或回應學生的行為表現。□B-2-1安排適切的教學環境與設施，促進師生互動與學生學習。■B-2-2營造溫暖的學習氣氛，促進師生之間的合作關係。□B-3-1建立並分析學生輔導的相關資料，瞭解學生差異。□B-3-2運用學生輔導的相關資料，有效引導學生適性發展。□B-4-1運用多元溝通方式，向家長說明教學、評量與班級經營理念及做法。□B-4-2通知家長有關學生在校學習、生活及其他表現情形，促進家長共同關心和協助學生學習與發展。

下次會談日期：101年11月05日

下次會談預定主題：親師溝通

協作評估表（國中範例二）

夥伴教師（mentee）姓名：吳○○　　教學輔導老師（mentor）姓名：蘇○○

夥伴教師任教年級／學科：七年級國文　　日期：101年11月5日

一、主題：（可複選）

□1.環境脈絡認識 ■2.班級經營 ■3.親師溝通 ■4.教學設計 □5.教學觀察 □6.教學省思 □7.專業成長 □8.學習成果分析 □9.個案討論 □10.其他：＿＿＿＿＿＿＿＿

二、紀錄：

夥伴教師優勢與肯定	夥伴教師關注焦點與挑戰
班級經營： 1. 成立班級讀書會，提升全班讀書風氣。 2. 訓練班級幹部自治，成效極佳。 **親師溝通：** 1. 初接任導師之時，已以電話與家長聯絡，彼此有初步認識及信任。 2. 親師座談會已與家長面對面溝通。 **教學設計：** 1. 教材熟稔，能結合時事引發學生興趣。 2. 學習單設計活潑有趣。	**親師溝通：** 1. 利用各管道增強與家長聯繫，以掌握學生狀況。 2. 面對個別家長的期望，能做出適當回應。 **教學設計：** 1. 面對教育新課題，教師之教學設計必須能與時俱進。 2. 教學設計要符合學生的起始行為。
夥伴教師省思與下一步行動	**教學輔導老師回饋與下一步行動**
親師溝通： 多方詢問有經驗教師與輔導教師，親師溝通的技巧。 **教學設計：** 1. 請教相關課程的多元化教學方式。 2. 觀察其他教師的教學方式及課程設計。	**親師溝通：** 針對「親師溝通」的部分，進行演練與經驗分享。請夥伴教師先行蒐羅家長提出的相關提問與反應，於下次會談時進行模擬親師會談之情況與溝通方式。 **教學設計：** 引領夥伴教師認識其他資深教師，詢問入班觀摩的機會。

教師專業發展規準：請選出本次會談重點規準，可複選（本規準為教育部1050422修正之教師專業發展評鑑規準）

■A-1-1參照課程綱要與學生特質明訂教學目標，並研擬課程與教學計畫或個別化教育計畫（IEP）。□A-1-2依據教學目標與學生需求，選編適合之教材。■A-2-1有效連結學生的新舊知能或生活經驗，引發與維持學生學習動機。■A-2-2清晰呈現教材內容，協助學生習得重要概念、原則或技能。□A-2-3提供適當的練習或活動，以理解或熟練學習內容。□A-2-4完成每個學習活動後，適時歸納或總結學習重點。□A-3-1運用適切的教學方法，引導學生思考、討論或實作。□A-3-2教學活動中能融入學習策略的指導。■A-3-3運用口語、非口語、教室走動等溝通技巧，幫助學生學習。□A-4-1運用多元評量方式，評估學生學習成效。□A-4-2分析評量結果，適時提供學生適切的學習回饋。□A-4-3根據評量結果，調整教學。□A-4-4運用評量結果，規劃實施充實或補強性課程。□B-1-1建立有助於學生學習的課堂規範。□B-1-2適切引導或回應學生的行為表現。□B-2-1安排適切的教學環境與設施，促進師生互動與學生學習。□B-2-2營造溫暖的學習氣氛，促進師生之間的合作關係。□B-3-1建立並分析學生輔導的相關資料，瞭解學生差異。□B-3-2運用學生輔導的相關資料，有效引導學生適性發展。■B-4-1運用多元溝通方式，向家長說明教學、評量與班級經營理念及做法。■B-4-2通知家長有關學生在校學習、生活及其他表現情形，促進家長共同關心和協助學生學習與發展。

下次會談日期：<u>101</u>年<u>11</u>月<u>12</u>日

下次會談預定主題：<u>親師溝通</u>

參考文獻

張民杰、黃淑馨、韓桂英、莊淇芬、黃月銀、陳瑞榮、蔡永強、蘇柔雯、高莞婷（2013）。學習導向的教學領導者——學校信任關係和支持環境的建立（Part I）教學輔導教師使用工具（未出版）。臺北市：教師專業發展評鑑北北基（中學組）區域中心。

New Teacher Center at the University of California, Santa Cruz (2005). *New Teacher Center Formative Assessment System, FAS*. CA: the University of California, Santa Cruz.

第一篇

學習秩序與動機

上課永無寧靜的吳靜

> 關鍵詞：課堂干擾、秩序維持、課堂規範

一、夥伴教師的情境敘述

　　三年級上學期快結束了，明明再過幾個月就要統測，但夥伴教師班上大約只有三分之一的學生努力讀書，其他學生每天來學校吃喝玩樂，一點也沒有考生的自覺。

　　吳靜（化名）是班上腦筋最靈活的學生，程度也不錯，但卻最愛吵鬧、耍寶。每位任課老師的課程經常受他干擾而被打斷，但老師課堂提出的問題，卻常常也只有他能夠正確解答，老師們對他真是又愛又恨。坐在吳靜附近的阿華與大寶，常和他一起人來瘋，無奈程度沒他好，學習又常被干擾，導致讀書狀況不太好。

二、關鍵人物相關背景描述

　　吳靜的家庭健全，父親擔任警察人員，母親是全職家庭主婦，家裡還有一位妹妹。他的個性活潑開朗，不拘小節。女朋友就是同班同學，平日對於女友盡心呵護。

　　吳靜的父母親對他的教育非常重視，高三開始每天晚上都去補習。學業成績平時都能保持班上前五名，對於老師的提問都能正確回答，英文的表現更是優異。

　　同學們曾說，吳靜在家裡的表現和學校截然不同，吳靜自己也說過父母親喜歡安靜的環境，所以他在家裡安靜沉穩，但在學校上課時，吳靜有時候

甚至會突然站起來走動，在家和在學校的表現確實落差很大。如果吳靜在課堂中睡著了，班上就會安靜許多。

　　夥伴教師常常在課堂上或下課時與吳靜溝通，希望他上課能保持安靜。私底下單獨和吳靜溝通時，他都能接受並答應改善，但事後還是維持原樣。

三、關鍵問題

　　1. 該如何讓吳靜瞭解他的行為嚴重干擾其他同學的學習呢？

　　2. 班上同學難道都能接受他的行為嗎？如果不能接受，有什麼方法可以協助改善？

四、教學輔導教師的建議和協助

　　教學輔導教師建議夥伴教師可以透過下列方式處理：

　　1. 電話訪談父母親

　　因為吳靜的父母親極為重視他的教育，而他在家裡和學校的表現差異很大，且其行為嚴重影響其他同學的學習，因此導師可以和父母親溝通，請他們協助約束吳靜在學校的行為。

　　2. 座位安排的建議

　　因為吳靜的個子是全班最高，建議座位可安排在教室的四個角落，既不會影響同學的視線，而且因為距離的關係，也比較無法帶頭吵鬧。另外，可以在他周圍安排較為文靜的同學，降低他和其他活潑同學的互動機會，如此可以避免吵鬧加乘的情況出現。

五、事件結果或心得感想

　　近年來由於廣設大學加上少子化的關係，學生考7分也能進大學就讀。大學入學門檻大幅降低的影響，就是高中階段學生學習意願低落。再加上3C電子產品普及，學生上課常常把玩手機，教師若將手機「沒收」，學生就和鄰近同學聊天；教師若制止學生聊天，學生就乾脆趴下睡覺。教學已經變成一項令教師挫折又沮喪的工作，上課的重心也從授業逐漸轉移為班級經營管理。夥伴教師所帶高三學生的讀書現況並不是特殊案例，反而是現在多

數學校普遍的現象。未來，每位教師要多多琢磨班級經營實務，增進自己教室管理技巧，才能讓春天又再重新回到教室中。

◆ 案例回饋

回饋 (一)

針對上述之案例，在相關問題處理上，給予夥伴老師幾點建議：

1. 進行家庭訪問

除了電話訪談父母親外，建議夥伴教師做一次家庭訪問。既然父母親喜歡安靜的環境，而吳靜在家也能表現沉穩安靜，導師更該讓父母親知道孩子在校的脫序行為，已經嚴重影響到全班聽課與教師授課。因此從家庭教育入手，請父母共同規範吳靜的違規行為，是可以考慮的一種處理方式。

2. 請女友約束

吳靜平日對女友盡心呵護，而女朋友又是同班同學，導師可以找機會先對女友曉以大義，希望女友能協助勸導吳靜改變干擾行為，並鼓勵他們用最後半年的時間一起努力讀書，一起考上技專院校。

3. 改變教材教法

當班級內出現上課氣氛不佳的情形時，最先應檢討的人是教師本身，要反思自己的教學方式與內容發生什麼問題？如果上課精彩又能吸引學生注意，那麼像吳靜這樣絕頂聰明的孩子，應該也會專心聆聽。建議夥伴教師改變教學方式，用分組討論、合作學習等策略進行，讓全班都有思考、探究及表達的機會，並透過學習單或桌遊等方式，引導學生有學習成果的產出。與其改變學生，不如先改變老師的教學方式。教會比教完重要，學會比學得多重要。

夥伴教師可以針對吳靜天資聰穎的才能，設計客製化的加深加廣課程。在縱向方面，可以讓他旁聽技專院校或網路平臺的一些課程；在橫向方面，結合班級的任課老師，有些課程讓他抽離自主學習，或安排有專長的志工協助其適性發展。

4. 輔導或特教老師協助

上課若遇到學生人來瘋，可以請輔導室的輔導老師將學生帶離教學現場，以免影響其他學生的受教權，其他想作怪的學生也會因此而有所警惕。另外，請特教老師協助觀察吳靜是否有過動的傾向。如果有，則必須有後續的鑑定與治療。

5. 班規與幹部的協助

夥伴教師應與班上學生訂定班級規範，擬定懲罰機制，大家共同遵守。並善用班級幹部維持秩序，遇有嚴重違規事件，則敦請學務處人員到教室協助處理，莫讓吵鬧事件產生蝴蝶效應。

6. 運用同儕的影響

尋找班上自制力強且人際關係佳的學生與吳靜做朋友，期望能透過同儕的力量，讓吳靜漸漸改變原有的干擾行為。

7. 委以重任

教師是給學生改變機會的人。可以對吳靜動之以情、說之以理、委以重任，找到他擅長且可以著力之點，例如：請他擔任班級幹部或小老師，適性揚才。

8. 精進專業成長

鼓勵夥伴教師多進修、多研習，參與教師專業發展評鑑或校內外社群，或針對所遇到的問題進行行動研究，找到解決的方法。這對自己而言，未嘗不是一劑自我砥礪、自我改善、自我精進的良方。

坐困愁城，永遠一籌莫展，建議善用坊間書籍文章或蒐集網路資源，瞭解學生特性，改變教師教學，為學生尋找一條生存發展的道路。教師是專業人員，期許夥伴教師能做一位有知識力的經師、有教育愛的人師，更能成為一位有執行力的良師，良師才能興國。

回饋 (二)

針對上述的案例，在相關問題處理上，夥伴老師可採取以下幾點做法：

1. 重視班級經營

班級經營是教師重要的教學專業之一，導師更是影響班風的關鍵人物。

身為導師新接一個班級應以此為重要任務，型塑友善和諧的班級氛圍，創造良好的讀書風氣，時時關切班級發展的動向，以及每個學生成長歷程中的改變。若教師能具有預防重於治療的觀念，隨時與學生同在，及時協助學生處理困難，小問題應該就不致成為大麻煩。

2. 以教學專業經營班級

最好的班級經營技巧是教師專業的教學。展現優質專業的教學，能吸引學生閃耀光芒的眼神，心無旁騖的專注學習，自然無心無力做破壞班級秩序的事情，教室的風景將很迷人。所以，教師的專業教學是班級經營之首要。然而，面對學習能力有差異的班級，除了教學應更專業，教學方法也要更多元活化，同時實施差異化教學，因材施教，以達適性揚才和有效教學。對於學習能力優良的個別學生給予增權賦能，提供符合其能力的高階教材，挑戰潛能、激勵學習動機；而對弱勢學生給予補救教學，則更能符應現代教師「成就每個孩子」的教育理想。

3. 應用資源網絡

如有發生導師能力範圍無法處理的情事，可以尋求行政的諮詢與支援，包括教訓總輔等行政單位的介入，發揮網絡合作、資源統整的功能。任課教師之間也應力求規範標準一致，並與學生、家長形成合作關係，讓更多的力量進來一起面對問題，以免錯失教育的機會，損及學生的受教權。

4. 執行校規法治

學校是小型社會，是學生學習社會化的場域。學習過程中發生的任何事情，都是很好的成長機會。對於個別學生的問題行為，除了給予個別輔導談話，也要提出具體的輔導與管教作為。必要時依據學校輔導與管教辦法，對其違規行為給予適當的懲戒，以導正不當偏差行為，並學習應有的團體規範以及良好的學習態度。懲戒之同時應給予改過的機會，提示銷過的方法。透過校規的執行，當事學生可以學到尊重他人的精神和遵守法治的態度，對於其他學生也是很好的社會觀察學習。

5. 進行班級團體輔導

在團體中發生的行為問題，能在團體中解決最理想。除了個別指導改正不良行為外，利用班會時間，師生共同正視問題，一起討論形成共識，擬定

可行、願行的班規與獎懲機制，全班共同遵守，同時也教導學生面對強權、知道如何解決問題的勇氣與智慧。

6. 提供正向行為的典範

班級中仍有三分之一的學生專注學習，這是班級穩定的力量。好行為應該被看到，老師課堂中應時時給予肯定、獎賞和關心等具體支持，有技巧的給予表揚，以增強學生正向的學習行為和態度，作為班級其他學生的實例典範。

7. 展現堅持與堅定的態度

良師、人師應該是紀律的維護者和執行者，面對強權的處理態度更是學生的示範者。教師對人的態度不用嚴厲，但對紀律的要求應嚴格。所以，老師不能畏懼學生的惡行，應以堅持又溫和、堅定又溫柔的態度執行法令，教導學生法治社會應有的規範，發揮正向的教育力量。

8. 發現學生的亮點

處理行為問題時，老師不要被學生的表象問題行為困住，甚至表現出被打敗的感覺。面對學生的負向行為，教師不應情緒性的指責，或是不敢正面應對的尋求逃避，教師應如明鏡般真實照出學生的原樣，以正向具體的語言告知提醒，增加學生看到自己面貌的覺察力。教師也需要發揮輔導知能，以「從學生負向行為看出正面的意義和真正的背後動機」的輔導能力，來與學生溝通談話。此外，還要有「發現」的能力，細心敏銳地去發現學生的亮點，適時給予肯定和大量增強，讓學生能以優勢能力提升弱勢、缺點，讓亮點照亮他的黑暗面。越能發現亮點，就越能開發潛能。

案例 1-2

浮躁不定的上課秩序

關鍵詞：課堂規範、秩序維持、學習動機

一、夥伴教師的情境敘述

夥伴教師阿雅是本校一年九班的專任教師，該班生活常規欠佳，上課鐘響之後，仍有許多同學不進教室，即使老師入班了，學生依然我行我素。阿雅老師總是一再重複「坐好、安靜、課本拿出來」等話語，但講一次、二次都沒用，一定要破口大罵才行。每次上課都這樣，阿雅老師覺得很累。

上課之後，仍有部分學生愛說話或是趴睡，阿雅老師會立即糾正他們，但學生總是否認，因此通常也只能處以罰站，但罰站時態度也不好，一副滿不在乎的樣子。另外，有些學生總愛插老師的話、接老師的話，內容與課本少有相關，盡是些無厘頭、吐槽、戲謔性質的話。阿雅老師如果「唸」他們，學生就嫌她「嘮叨」。阿雅老師一節課有三分之一的時間在管秩序，不僅中斷課程教學活動的進行，也嚴重影響其他學生的專注力及上課權益。如此的學習狀況，任憑阿雅老師整理再多講義也沒用，果然應驗在段考成績的不理想上。

不過，這個班級的學生犯錯時都還會願意接受處罰，儘管上課氛圍有時緊繃，下課就會忘記上課發生的一切，平時對老師算是有禮貌的，所以阿雅老師不想放棄他們。

二、關鍵人物相關背景描述

1. 這是一所私立高中，該班是普通科一年級學生，學生程度中下，又

可細分為前、中、後三段。

　　2. 與導師溝通氣氛良好，導師也會處理阿雅老師反映的個別學生問題，但因強調學生要自主學習，加上導師目前進修研究所及教育學程的課程，因此無法投注許多心力在班級經營上。

三、關鍵問題

　　阿雅老師該如何有效管理班級的常規呢？

四、教學輔導教師的建議和協助

　　阿雅老師有正確的教育觀念，先敦品才能勵學，所以重視班級常規的成效。第二次段考結束，該班成績仍舊欠佳，所以這個時間點是檢討修正的好機會，建議阿雅老師可以採取以下的步驟及策略：

　　1. 探究段考成績不理想的情形與影響

　　提供「高級中等學校學生學習評量辦法」給阿雅教師參考，並建議阿雅老師引導學生探究段考成績不理想的情形與影響：

　　(1) 從不同角度分析段考成績：整理該班和其他班級成績差距，以及分析選擇題及非選擇題的得分比例等。

　　(2) 說明段考成績代表的意涵：

　　　　① 告知段考是平時扎根的工夫，也在培養大考的應考實力。

　　　　② 高一學生對學年學分制毫無概念，可以告訴學生國文科乃是必修科目，一學期4學分，平時不努力，寒暑假就要補考重修。

　　　　③ 學期成績將影響高三繁星甄選入學的排名，若不把握，無疑是失去一種入學管道。

　　(3) 建議學生維持良好的上課規範，才能讀出、考出好成績，高三才有較多的選擇權。

　　2. 落實上課常規的要求

　　(1) 擬定上課規範，以合情、合理、持續、可行為原則。教學輔導教師與阿雅老師一同檢視所擬定的上課規範內容。

　　(2) 向學生公布上課規範，並聽取學生意見，取得共識。

(3) 上課規範重點內容如下：

① 若無正當理由，上課晚進教室，一律先罰站（而且要記下晚進教室的原因，以判斷是否為累犯）。

② 教師進入教室還吵鬧不休，全班罰站，直至安靜下來（只要幾節課就可奏效）。

③ 發現學生開始不專心、亂插話接話時，經提醒後仍不能改善，便要直接處罰。懲罰的關鍵就是要建立一套懲罰等級遞增的分級系統，例如：罰站半節課→罰站整節課→寫檢討報告書，給家長簽名（未寫或未交則電話連絡家長）。使用分級系統不僅公正、確實，而且有逐漸強大的制約壓力。

3. 以「講故事」方式取代傳統說教

所謂「上醫治未病，中醫治欲病，下醫治已病」，所有懲罰都是消極的手段，任何的規範都是要防患於未然，引導學生自主管理、自發學習才是教育的價值所在。所以教師要避免常說教，多以溫暖的故事啟發學生的心性。教學輔導教師分享許多好故事以及富啟發性的教學影片，以提供阿雅老師運用。

4. 重視機會教育，立即開導

阿雅老師是沒有帶班的專任教師，常有些專任教師認為品德教育養成與觀念引導是導師的事，或是因為要趕進度，所以暫時「縱容」學生的「惡」，期望未來再找時間糾正，可是事後往往就忘了。因此，建議阿雅老師要如及時雨般導正學生，不要任其敗壞。

五、事件結果或心得感想

該班學生在犯錯時原本就願意接受處罰，只是自制力較弱，阿雅老師重新擬了一份違反常規的處罰規定，事前和學生溝通清楚，取得共識，果真在運作上順暢多了。

阿雅老師也避免給學生貼上標籤或是淪於武斷，利用下課時間與行為偏差的學生單獨晤談，剛柔相濟，循循善誘，因此和學生的關係明顯轉好。此外，阿雅老師經常與學生分享故事以及影片，開拓學生視野，學生都表示很

喜歡。

　　高中生多數有自我的想法，因此所有的約束、規範都應該師生事先討論，共謀方法。教師執行時務必超然公正，使學生心服口服。然而，學生終究要成為社會公民，如何讓他們自動自發遵守規範，才是教育的終極目的。

　　總之，在輔導的過程中，教師要不斷地引導而非壓制，這需要給予時間修正，耐心等待也正是教育的本質。教學輔導教師在整理阿雅老師問題的同時，也反思自己是否因職業倦怠而採取一成不變的管教方法，因而產生一股鞭策自己的動力，感到這也是一種「教學相長」。

◆ 案例回饋

回饋 (一)

1. 對夥伴教師的回饋

(1)瞭解學生學習動機低落、課堂睡覺與吵鬧的原因

　　探究是否因為課程安排的緣故（例如：前一節為體育課或是實習課）而導致學習狀況不佳，或者是因為課程內容無法吸引學生。在學生狀況的掌握上，可以找一些較為敢言的學生聊聊，以找出學生學習動機低落、課堂睡覺與吵鬧的原因。

(2)設計課堂開始的靜心活動，安頓學生身心

　　教學活動設計中，有準備活動、發展活動及總結階段，準備活動的設計攸關學生課堂的學習狀態，除了與課程內容做連結之外，亦可先安排進行例行性靜心活動。例如：小老師帶領朗讀課文、抄寫名言佳句與詩詞等，這就像是一種儀式，能讓同學達到靜心與準備上課的狀態，減少因「管秩序」而減少教學時間或造成師生間的對立。

(3)調整上課方式，吸引學生投入課堂活動

　　國文科對高職生容易產生距離，他們對探討之乎者也的古文內容興趣缺缺，因此在教學方法上需要做調整與改變，以提高學生的課堂參與。這個世代的學習，文字閱讀雖然重要，但結合影音媒體可能會有較佳的效果。例如：講解〈琵琶行〉中「大絃嘈嘈如急雨，小絃切切如私語」、「水泉冷澀絃凝絕，凝絕不通聲暫歇」、「銀瓶乍破水漿迸，鐵騎突出刀槍鳴」等句，

可剪輯琵琶名曲〈十面埋伏〉的片段，進行聽力大考驗活動，讓同學們將琴音與文句做連結，再進行字義講解，相信可以增進學生課堂投入與內容理解的程度。

(4)結合導師與行政，協助建立班級常規

從阿雅老師的敘述中可知該班未能建立良好的課堂常規，這可能不是國文課特有的現象，因此需與導師合力來建立班級常規。如果導師也未能有效的落實常規，必要時可結合學務處來推行。在上課之初，由學務處教官或是組長來督促學生進入教室上課，再加上吸引學生的上課方式與內容，如此雙管齊下以改善學生的學習情況。

(5)善用行為引導技巧，並強調行為後果

可藉由直接、簡單、明瞭的引導或指令，堅定且尊重的提出期望或要求的行為，比如「請面向這邊並聽講……，謝謝。」焦點要放在期望、要求學生必須做到的行為上，而非只告訴學生我們不希望他們做的事情，例如：「我講課的時候，請不要說話。」在行為後果方面，建議阿雅老師將學生不當行為（違反規範）與後果連結，強調其行為與行為後果之間的關係，引導學生知道若其「選擇」表現不當行為，等於同時「選擇」了要承擔班級常規所訂的行為後果。

2. 對教學輔導教師的回饋

(1)提供輔導管教與教學的經驗，協助班級經營

阿雅老師擔任專任教師，對於學生生活常規的引導相對較缺乏經驗。教學輔導教師可提供自己或是有經驗同儕的班級常規版本，並分享執行班級常規時的經驗與技巧，如此可讓阿雅老師縮短摸索的時間。

(2)透過教學觀察，回饋有效教學與班級經營精進策略

阿雅老師教學上的挫折，部分原因源自學生上課缺乏動機。教學輔導教師除了與夥伴教師就問題進行討論回饋之外，可多運用教師專業發展評鑑中所設計的教學觀察歷程，運用教學觀察表、選擇性軼事記錄等工具，入班觀察阿雅老師教學，以瞭解其教學與班級經營的實況，並結合夥伴教師的陳述與感受，針對可改進或再精進之處，提供具體的教學與班級經營策略。

回饋 (二)

1. 關鍵問題剖析

如何協助阿雅老師有效管理班級常規，是整體事件的核心問題。首先，應剖析目前班級常規不理想所浮出的具體表徵，接著再對每個表徵逐一提出解決做法，方可協助阿雅老師解決問題。檢視造成阿雅老師班級常規不佳的具體表徵有：

(1) 上課鐘響後，部分學生未準時進教室。

(2) 上課過程，學生愛說話或趴睡。

(3) 課程進行中學生愛插話，且話題與課程內容無關。

由於學生上課常規不佳，這樣的學習氛圍直接反應在不理想的段考成績上。但相信只要改善上述三種上課情形，學生常規不僅可以好轉，其學習成績也可以獲得改善。

2. 關鍵問題解決之道

對於上述導致班級常規不佳的表徵，提出的解決策略分別為：

(1) 上課鐘響後進行課前預習

阿雅老師可訓練國文小老師於上課鐘聲響後，針對這堂課老師要進行的課程內容，帶領全班進行3分鐘左右的預習，例如：朗讀課文或注釋，必要時也可以進行課文佳句的背誦等。一開始實施時，要請行政人員或教官協助，特別是在上課鐘聲響後加強該班的巡堂。等學生習慣此種預習後，即可減少行政人力的投入。

(2) 使用多元教學策略

從學生上課愛說話或趴睡的現象剖析，阿雅老師的課程教學對學生吸引力可能不足。阿雅老師應該調整教學方式，並讓教學內容與學生生活經驗結合，藉以引起學生學習動機。再者，阿雅老師可以運用多元的教學策略，例如：翻轉教室、分組合作學習、學思達、學習共同體及MAPS等，讓學生參與學習。此外，阿雅老師可請教學輔導教師入班觀課，透過他人友善的眼睛，找出自己教學的盲點，如此即可改善教學困境。

(3) 與學生討論建立班級規範

阿雅老師課程進行中學生愛插話，且話題與課程內容無關，這問題要透

過班級規範加以解決，而班級規範應由阿雅老師與學生共同討論後訂定。阿雅老師要把握課堂學習是全體學生的權益，他人不可以剝奪的原則，在此原則下要求學生發言前需先舉手，經老師同意後始得發言，以維護其他同學的學習權益。

(4)善用良好的學生文化

班級學生犯錯後大多能配合處罰，顯見學生淳樸與善良的特質。阿雅老師若能於教學過程投入誘因並正向引導學生學習，相信可以獲得學生的信服而改善師生關係，學生也將更有意願投入國文科的學習。另外，此班級與導師有良好的溝通氛圍，這也是阿雅老師要善用的利基，透過導師於適當時機向學生美言阿雅老師的優點，也會收到意想不到的效果，進而拉近阿雅老師與學生間的關係，學生自然會更樂於國文科的學習。

總之，有心就有力，阿雅老師能主動提出教學所遭遇的困境，相信她願意自我改變，精進教學知能。只要以關懷學生為出發點，再多用心與學生互動，相信學生會感受到老師的用心良苦。

回饋(三)

針對阿雅老師如何改善班級常規，給予以下建議：

1. 學生班級常規欠佳，其實需先瞭解這可能是學生的次級行為，更重要的是要找出學生的初級行為問題來源，才能更有效率的改變之。例如：有些學生調皮搗蛋，其主要目的是想吸引老師的注意。所以，很多時候不要只看問題的表象，要更深入瞭解其背後的原因。

2. 建議阿雅老師調整自己的教學方式，試著將教學內容與學生生活經驗結合，並嘗試用不同的教學策略，引發並維持學生的學習動機與興趣，為他們製造學習成就感。如此一來，學生在課堂中較能主動樂意參與學習活動，較能從課堂學習中獲得樂趣及成就感，相信他們對每次上課都應該相當期待。而認真投入學習，先前常規欠佳的現象就能有所改善。

3. 建議教學輔導教師可以透過入班觀察，確實瞭解夥伴教師的上課及師生互動情形。另外，也可以利用不同觀察工具進行觀察記錄，例如：使用「在工作中」來記錄學生學習情形，將其觀察紀錄回饋給夥伴教師，讓夥伴

教師能瞭解學生學習情況，並做必要的調整改進。

　　4. 讓每位學生都成為教室的主人而非客人，這是很重要的。學生在教室中是客人身分，較容易出現違反班級常規的行為；相反的，他們若成為教室的主人，將較容易能投入課堂的學習活動中。

　　學生課堂常規不佳，教師第一個想到的往往是利用外控的懲罰方式來因應，或者運用行政單位的資源來協助，當然這不失是立即而有效的方式，但卻不是治本之道。教師應該學習如何讓學生內控，使學生能自覺言行的不當，並能適時的自我調整。因此，當上課教師未到教室前，與其讓風紀股長記錄講話者的名字，還不如讓國文小老師帶領同學朗讀課文，或請同學默寫課文。

案例 1-3

社會老師的「自然」困境

關鍵詞：秩序維持、課堂規範、學習動機、學習價值導正

一、夥伴教師的情境敘述

　　許老師因兼任行政職務，所以一週只有四堂課，任教兩個自然組班級，一班為二類組，另一班為數學實驗班，兩個班級的狀況差異頗大。

　　二類組那個班的學習狀況很差，上課秩序不佳，許老師常常得處理各種突發的小狀況，例如：總是有學生在聊天，也總有學生晚進教室，理由永遠都是上廁所；另有一部分學生很容易睡著，若醒著則愛開黃腔、亂接話。學生的學習意願不高，考試成績自然也不好。因為趕課之故，無法花太多時間深入輔導，她多半用口頭勸說、記遲到、罰站或扣分等方式處理，但是學生不怕老師罵，也不在乎扣分和記遲到，因此效果不彰。這個班是最令許老師頭痛，也是她最花心力與時間的班級。

　　至於另一個數學實驗班，學生學習態度則非常的積極，但是卻也有所偏頗，考試取向非常嚴重。許老師希望讓學生多元地肯定地理課的學習價值，因此會補充時事新聞。但學生覺得考試不會考，因此對於老師進行的這些課程活動顯得興趣缺缺，不願投入。

二、關鍵人物相關背景描述

1. 二類組班級

　　二類組班級某幾個上課狀況特別糟的學生，高一時就因忙於社團而成績不佳，故在高二選組重新分班之際，選擇了二類。他們不願花太多時間在課

業上，也認為在申請大學時完全用不到社會科的成績，因此明白表示只會重視國英數和自然科，社會科課程則是他們的休息課和睡覺課。他們不太理會許老師的態度和反應，想晚進教室就晚進教室，想聊天就聊天，想睡就睡，而且怎麼叫都叫不醒。老師糾正的時候，他們態度通常不佳，或顧左右而言他，試圖模糊焦點，令許老師又好氣又好笑。上課睡覺的狀況從開學時的偶爾發生，現在像傳染病般漸漸地蔓延開來。此外，幾乎每堂課都會有一些小狀況發生，如遲到、不專心、說話等，令許老師疲於奔命。

2. 數學實驗班

有幾位成績非常好、在校排名很前面的學生，彼此競爭激烈。他們往往在老師要進行一些活動時，會不斷地問老師「這個會考嗎？」、「學測應該不會這樣出吧？！」許老師如果回答他們「不會」或不予回答，他們就會拿出其他科目來讀或演算數學題目，讓許老師覺得不被尊重，認為學生的態度太過於功利和分數取向。

三、關鍵問題

許老師所任教的兩個班級，學生學習的反應差異甚大，且都存在問題，主要問題有二：

1. 如何運用教室的管理策略改善上課紀律？
2. 如何應用教學策略提升學生學習動機？

四、教學輔導教師的建議和協助

有關許老師兩個任教班級所面臨的問題，可以採行以下的做法而尋求改善：

1. 針對學生課堂上開黃腔，老師應冷靜嚴肅地進行性別教育。老師應強化自己的情緒控制，該生氣就要生氣，該開玩笑就要開玩笑，情緒收放自如，才能永遠以最恰當的情緒來面對學生給予的考驗。

2. 針對上課睡覺問題，可以溫和但堅定地要學生站著上課10分鐘，或去洗把臉，或進行一些學習活動（如大十字）。建議許老師買個簡報筆、隨身擴音器，這樣老師上課的活動範圍就不會侷限在黑板和講臺，可以多在學

生座位區走動，上課睡覺或講話的情形自然可以改善許多。

3. 建議許老師在最短的時間內記住學生的名字，越熟悉這些孩子的狀況，越能建立良好的互動關係。或者，參加學生社團成果發表，肯定學生在社團的表現，和學生博感情，長久下來，學生和老師熟悉了，自然會在乎老師的感受。

4. 對於學習意願不高的學生，可以試著用生活化的例子和學生聊聊未來，或找已畢業的學生回來經驗分享，讓學生能找到兼顧社團與課業的學習方法與態度。對於學習態度較為功利的學生，老師也得用耳濡目染的方式，多和學生聊聊對事情的態度，用時事新聞開拓學生的視野，花時間慢慢改善學生的價值觀，或者改變對學習的定位。

5. 當老師遭遇挫折時，建議可以多和同科或同辦公室的老師聊聊，紓解情緒和壓力。心靈常保舒暢、愉悅和健康，教書生涯才能走得遠且利益學生。也可以與同領域的老師交流和分享教材研發的經驗，集思廣益、激發創意，相信必能提高上課的趣味性及學生的學習興趣。

6. 教學輔導老師和許老師每月進行至少一次的午餐約會，增加機會瞭解許老師的狀態，並進行經驗交流。

五、事件結果或心得感想

在許老師逐漸能叫出學生名字後，二類組班級的上課狀況有了些許改善，而且學生也相當肯定老師沒有因為他們的散漫態度而放棄他們，仍是苦口婆心的叫醒他們、勸導他們。這些學生也許還是會睡覺，但比較容易叫得醒，態度也不像先前那樣不在乎，互動品質有所改善。

至於數學實驗班的情況則更好，因為這個班其實是認真用功的，只是態度較功利。在許老師循序漸進的誘導下，學生唯分數是圖的情形改善許多，也較願意投入老師在課堂中進行的活動。

教書是件看似容易但卻勞心勞力的事業，值得我們用一輩子的時間去經營，用所有的精力去付出。只是要當好一個老師不是光有心就足以達成，需要許多的溝通技巧與經驗傳承。所以每一位新加入教育界的優秀老師，若能有夥伴適時給予經驗傳承、情緒疏導、問題諮詢與協助，相信都能在教職這

條路上走得更遠、成就更多的學生。我想，這就是教學輔導教師制度最核心的價值吧！

◆ 案例回饋

回饋（一）

　　許老師教學之餘又要兼任行政工作，在心力上確實是一大挑戰。難能可貴的是對班級經營、教材設計與學生參與狀況仍然在意和用心，又願意與教學輔導教師交流，除有機會獲得與時俱進的教學新觀點，也可以因為有社會支持的力量，而達到情緒調適的功能。很明顯的，許老師已具有優質教師的良好素養，亦即有目的的學習以及有反省能力，值得嘉許與肯定。

　　教師職場最大的挑戰往往不是學科知識的精進，而是學生帶來的許多意外問題，例如：偏差行為、因循苟且、拖延閒混、學習疏離與倦怠、工具性的目標導向等。這些會干擾教師的教學決策與班級經營的問題，都可能源自於學生尚未學會對人或對知識價值能有基本的理解與尊重。以下幾點淺薄建議，提供教育夥伴參考：

1. 在危機四伏的年代堅持專業承諾

　　教師工作最大的特色是永遠與年輕學子互動。在躍動不安的年紀，要引導他們專心向學、認同學習的益處，本來就是一件不容易的工作。許老師願意認真看待學生的學習態度，諸如開黃腔、亂接話、常遲到、課堂聊天，並將它當一回事來處理，其對專業承諾的堅持由此可見一斑。在現代社會，年輕人不斷質疑傳統價值與規範，而社會又普遍對年輕人不友善、不敢賦予厚望之際，許老師在意學生學習問題，彷彿教育沙漠之甘泉，著實令人欣慰與喜悅。

2. 優質的教學是有目的性的且具感染力

　　案例中許老師面對學生的問題，雖然會意志消沉，也難免沮喪懷疑，但這些都是想要有所作為之教師常遭遇的困境。執教者面對困境，若能清楚自己的教育理念與教學目的，過程中展現積極的態度，以及尋覓適當的問題解決方式，甚至開誠布公的述說自己的心情，傳達對學生課程投入的正向期待，都可能是極具說服性的楷模激勵，能夠有效刺激學生成長與帶來更多的

福祉。

3. 讓學習材料與學生生活和興趣相關聯，促進有感認知

中學生在社交聯誼與社團活動上，往往比課業學習更感到勝任且有成就感。在魚與熊掌無法兼得的情況下，學術活動的行為和情感投入不斷下滑，進而造成學習劣勢與動機崩壞的惡性循環。無論從學理探討或實務經驗，均可發現增進內在動機的最佳途徑是老師鍥而不捨地展現並示範對教材的興趣，例如：案例中的許老師努力從時事新聞的補充中，幫助非主要考科類組的學生肯定地理課的價值。雖然開始時效果緩慢，但大腦科學研究的實徵資料告訴我們，感到興趣是腦能量開發的源頭，唯有教師在規劃課堂學習活動時儘量做到有變化與新鮮感，才能騙過大腦的煞車系統，抓住偷懶學生的注意力，活化學習神經元的連結，讓動機生生不息。

4. 向危機拜師學藝，營造學習型心態的教室環境

很多老師經常面臨與許老師相同的困境，即學生的功利主義扼殺了認識非主科學科價值的機會，重重打擊第一線認真教學老師的士氣。建議教師勇敢沉著地面對學生不成熟的價值判斷，理解學生在贏家全拿的競爭社會、力爭上游的奮鬥歷程中，逐漸塑造的成功潛規則。利用各種機會適時且真誠的傳達學科知識的價值與學習的內在樂趣，同時以最多的耐心幫助學生成為知書達禮的有為青年。

回饋 (二)

地理老師許老師教導自然組班級所遇到的挑戰，在班級經營部分包括：(1)學生上課睡覺、聊天、開黃腔；(2)學生遲到。在教學部分包括：(1)學生學習意願不高；(2)學生考試成績不佳；(3)教師疲於應付班級管理，教學效率不彰（趕課）；(4)學生功利取向，學習態度不佳，在上課時拿出其他考科閱讀。針對上述的挑戰，教學輔導老師分別給予許老師若干建議，而許老師接受了教學輔導老師的建議之後，上課狀況確實獲得了改善。

除了教學輔導教師建議的做法外，許老師或許還可以這麼做：

1. 強化性別平等教育

面對學生開黃腔，鑑於「老師越是生氣，學生越愛開黃腔」之可能性，

教師可以面無表情不予理會，讓學生感到自討沒趣。然而，高中階段的學生正值青春期，對於「性」及相關話題、字眼、甚至雙關語會好奇與敏感雖屬自然，但此時也正是建立學生兩性平權觀念與法律常識的重要時期。建議許老師除了性別教育之外，也應該提醒學生相關的法律常識，提醒學生開黃腔其實是一種「性騷擾」，在校園中可能違反「性別平等教育法」，在社會上也可能觸及「性騷擾防治法」。而教師在教學用語上，也要注意所使用的語詞，儘量避免學生產生不當聯想。

2. 建立良好的教室常規

學生上課遲到、睡覺、聊天、或拿出其他考科課本閱讀，其實和班級管理的技巧有密不可分的關係。「課外活動」與「科目是否為考科」等並不能成為學生上課時不當表現合理化的理由。

建議許老師在上第一堂課時，就先向學生說明課堂常規。學生初次出現不當行為時，就應該溫和堅定地糾正學生，否則不當行為蔓延，將徒增教師的困擾。如果學生的行為無法改善，可以在課餘時間約談學生，找出問題行為癥結，並協助學生設法解決。倘若學生依然故我，就應聯絡導師、輔導老師、教官與學生家長，共同幫助學生，讓上課狀況步入正軌。

教室常規的建立能夠幫助教學活動順利的進行。學生不怕老師責罵，也不在乎扣分和記遲到，學生最怕的是積極熱情的老師擇善固執、堅持到底的精神。

3. 課程教學的設計

比起考科，非考科的科目確實需要花比較多的心思來引起學生的學習動機；但也因為是非考科，課程設計的彈性較大，或許教師該思考的是如何讓課程更貼近學生生活，引發學生的興趣。

此外，教師應適當安排教學活動，提高學生參與課堂活動的比例，讓學生以不同的方式學習課程。魯迅謂「讀書五到」，必須包含心到、眼到、口到、手到、耳到，而「翻轉教室」的教學概念，也值得許老師參考。因此，上課時應縮短教師單向式授課的時間，轉換安排學生書寫筆記及學習單，要求學生回答問題，設計不同主題讓學生蒐集資料、討論與發表。但一堂課教學活動的轉換也不能太頻繁，活動時間要適時掌握，以免無法達成預期的學

習效果。

　　多元的教學活動設計自然必須配合多元評量方式，除了段考成績之外，學生平時在教學活動的表現應該納入多元評量的一部分。事實上，只要與高中地理課程相關，都是學測命題的範圍，根據高中地理課程設計的相關活動，當然與學測密不可分。應該向學生說明，無論哪一種評量方式，都是期望學生能具備高中生應有的地理素養。高中所學習的科目未必都與大學選填的志願相關，但基本學力的養成卻是日後終身學習的基礎。

　　4. 重建師生關係

　　亦師亦友的師生關係固然令人嚮往，與學生私下建立良好的師生情誼，也許有助於教師課堂教學的推動，但課堂上倘若師友不分，可能反而會阻礙教學活動的進行。教師應該在課堂上持續展現熱忱、自信與專業，在良好的班級管理中，順利進行教學活動，才能真正贏得學生對教師的敬重與信賴，並達成教學的目標。

回饋 (三)

　　對於非主科與非考科老師來說，教室紀律與教學秩序的維持確實令人頭疼，尤以升學取向學校為最。當精心準備的課程被學生阻斷，小則如天線暫時斷訊，再接通尚可；大則危及教學專業的自我認同，不可不慎。

　　學生學習態度受到考試領導教學的影響，不考則不唸、不看、不聽，或者受到其他因素干擾，例如：認為補習班教得比學校老師好，課餘社團比學這些不考的科目有趣等，因此往往在課堂時間偷偷從事無關教與學的活動。此時，老師必須能夠：

　　1. 在心理建設上

　　針對所屬學科的核心能力，給予學生正確認知。告訴他們這門課的學習意義不在應付考試，而是有其內在重要性以及與未來生活連結的意義。

　　2. 在物理環境上

　　透過隨身麥克風、簡報筆等器材輔助，隨時拉回學生的感官與心思，使其在課堂上能全神貫注。

3. 在教材教法上

依據學習曲線規劃課堂活動與節奏，讓學生打鐘後便能備妥教材，跟著老師開始學習，在由淺入深的講解示範中練習習題或同步思辨，能正確回答形成性評量的各式問題，循序漸進做到「止、定、靜、安、慮、得」。

4. 在教學策略上

教學輔導教師已經給予面對開黃腔、上課睡覺，改善學生不尊重老師、學習態度不佳、時間管理不善等問題的許多解決良方，並鼓勵老師多向同儕請益，可謂面面俱到。所謂「他山之石，可以攻錯」，若行有餘力，建議可以參加跨校教師共同備課社群，參加各種創新教學的研習，或者從事行動研究等。

案例 1-4

To talk or not to talk, that is the question

關鍵詞：課堂參與、作業繳交、學生先備知能、學習成效

一、夥伴教師的情境敘述

晶晶老師任教於陽光高中，負責高一英文實驗班文化專題課程，此課程主要是提供學生口語訓練及練習機會，進而提升文化認知，拓展國際視野。

專題課程進行多次分組活動及報告後，晶晶老師察覺半數學生表現不甚理想，口語程度不如預期優異，課間回答及發言參與情形也與原先設想差異頗大，尤其9月26日進行Social Norms課程時，學生反應更是冷淡，參與度極低，導致上課進度落後，活動進行不順利。

除了無法積極主動參與課堂活動外，晶晶老師也察覺實驗班學生作業繳交情形也不理想，遲交情況嚴重，以「比較世界文化異同之處」單元的PPT作業為例，就有二組缺交、三組遲交。而繳交的作業品質也不佳，不符老師的期許。

晶晶老師也擔任高二普通班的英文教師，一個是一類組班、一個是三類組班。其中的三類組班級，學生踴躍熱絡的參與課堂活動，但課後卻無法積極主動學習，導致成績低落。第一次段考結果顯示，三類組班的英文成績不甚理想，落後其他班級許多。

二、關鍵人物相關背景描述

1. 高一英文實驗班共36名學生，入班前均經過嚴格的筆試、口試甄選

入班。入班後，除原有的課程外，每週必須比普通班學生多上四堂英文課，多修兩門英文專題課程。

2. 晶晶老師第一次擔任文化專題課程教師，沒有依賴教科書，第一次自編教材授課。

3. 高二普通班三類組班共43名學生，男女合班，比例為24：19，高一入學時PR值平均約90。

三、關鍵問題

1. 高一英文實驗班文化專題特色課程，學生作業報告繳交、口語程度與上課參與度不如預期，老師應如何改善？

2. 高二第三類組班的學生無法積極主動學習，導致成績低落，老師應如何改善？

四、教學輔導教師的建議和協助

針對高一英文實驗班以及高二第三類組班學生的學習情形與問題，建議晶晶老師可以有下列做法：

1. 高一英文實驗班

(1)透過問卷、訪談或簡單的紙筆測驗，找出實驗班學生口語能力的起點行為以及感興趣的話題，以便設計能夠引發學生學習動機的教學活動。

(2)妥善規劃教學進度，提早告知學生活動報告方式及相關注意事項，並以書面或口頭多次提醒學生作業收件截止日。

(3)若發現實驗班學生英語聽力還不足以適應全英文的授課方式，可適度使用一點中文詢問學生是否瞭解老師的作業活動說明，不必拘泥一定用全英文授課。

(4)規劃實驗班課程不但要設計活動、指定作業，更重要的是要有施行細節與指導方針。活動的設計要考量各種實際可能發生的困難，儘量明確、仔細地交代做法細節，做合情合理的規範。

(5)隨時詢問學生學習感受並做改善。每週作業的指定也要考量最佳的

學習效果，做適時、適性、適量的分配。

(6) 可用Class Dojo等APP，讓點名或上課發言變得更有趣。學生回答問題後，老師可直接在系統內加分、扣分。

(7) 邀約實驗班導師以及其他專題課程老師，與晶晶老師一起討論該班的學習情形。

2. 高二第三類組班

(1) 可以採取分組合作學習模式，安排高學習成就學生幫助低學習成就學生，以提升整體學習風氣及成效。

(2) 應落實課間紙筆練習，以利教師依據評量結果，適切地調整課程。建議除了請學生口頭回答外，同時可要求學生運用紙筆寫出完整句子，或請學生上臺板書答案或造句，教師即時更正錯誤，並瞭解學生該堂課的學習情形。

(3) 課堂時間若許可，可安排成績出色的學生分享英文科學習策略，以激發學生群起效法，幫助提升段考成績。

五、事件結果或心得感想

「To be or not to be, that is the question」是莎翁筆下哈姆雷特面臨人生抉擇時的為難，晶晶老師在教學現場也遭遇「To talk or not to talk, that is her question」類似的兩難。如何讓實驗班學生主動踴躍發言，讓普通班學生靜心學習，這個過與不及的問題，困擾著用心體察學生學習情形的晶晶老師。

晶晶老師雖有多年教學經驗，但因不熟悉本校學生的程度，因而設計的教學活動未能收到預期效果。沮喪之餘，在與教學輔導教師多次討論，依照建議調整這兩個班級的上課方式，以及修正對本校學生的期望後，已經有些改善。實驗班學生課堂的發言次數明顯增加，晶晶老師開心的展示學生在Class Dojo中的發言紀錄，作業繳交情形也有改善。至於普通班的學生也因為落實課堂紙筆練習，最近兩課的平時小考成績略有提升，不及格人數有些許下降，80分以上的學生也有增加，但全面的成績則必須在第二次段考後再觀察。

晶晶老師因轉換了新的學校，對學生及自己都有些期許。在期許與實際

情形衝突時，其失落與懷疑是可理解的。除了提供一些具體的參考建議外，教學輔導教師不斷給予晶晶老師肯定、打氣、鼓勵等正增強，希望晶晶老師再接再厲。以晶晶老師多年的教學經驗與專業，只要再給予一點調適時間，相信就能設計出適當的課程，達到期初時設定的改進目標。To talk or not to talk, that won't be her question anymore!

◆ 案例回饋

回饋 (一)

　　針對案例中晶晶老師所遇到的兩個關鍵問題，建議可從以下幾個方面思考並解決：

　　1. 解決高一英文實驗班學生參與度低的問題

　　(1)與同科教師共同備課、觀課、議課

　　英文實驗班學生在英語口說學習上的先備條件，理應高於一般班級的學生。實際學習表現不如老師預期，也許老師可以換個方向思索原因。可能的原因包括學生剛上高一，對於特色課程的進行方式不甚熟悉，尤其「提升文化」、「拓展國際視野」的教學目標較為抽象，學生的認知可能與老師的期待有所不同。再者，若國中階段對於口說沒有較紮實的訓練，升上高中，四堂口說課程對學生其實是很大的心理壓力。誠如教學輔導教師的建議，可以利用穿插中文的方式和學生互動，減低學生的緊張感。班上只要有學生先開口，漸漸地就會影響其他同學。而因學生程度有異，實際進行的方式建議可以和同科先進討論，並透過共備、觀課、議課的方式，調整教材難易程度與課堂呈現的方式。

　　(2)邀請學生一起討論課程進行方式

　　以開放式問卷詢問學生期待的學習方式與學習成果，讓學生參與決定課程進行方式。也可以使用異質性分組，讓程度好的學生擔任小老師，教導程度較差的學生，同學間的對話會比和老師對話要來得輕鬆無壓力，也能達到口說練習的目的。最後再以各組驗收的方式，讓學生在討論中也能同時準備報告的內容，減低報告時的緊張感。

(3)彈性調整課程進度

學生在考試的壓力下，有時會區分必修與選修做時間心力投入的調整。晶晶老師其實不需要給自己太大的壓力，可以隨著學校大型活動或段考，調整學生報告進度，甚至可以提供學生製作PPT的大綱或範本，讓學生更明確知道PPT應該準備什麼內容，以及自己站上臺時應該報告什麼內容。

2. 解決高二第三類組學生考試成績不佳的問題

(1)增加形成性評量的次數

三類組學生所要準備的科目多於一、二類組的學生，建議在段考成績公布後，參考該班學生其他科目的成績，以瞭解學生是否只偏重某些科目，而放棄英文一科，還是整體成績均不如其他班級。若不是前述問題，則可以進行試題分析，瞭解學生的問題所在，再予以加強。倘若如晶晶老師所言上課反應良好、考試成績卻偏低，可能是基本功沒有打好，建議增加形成性評量，讓學生養成平時準備的習慣。

(2)分組評比激勵讀書風氣

若整體成績皆遠低於其他班級，則可能是班級讀書氣氛不佳所致，建議可與學生討論改進方法，並找一些符合該班風格的影片激勵學生，例如：TED的15分鐘短片。通常在鼓勵與故事的敘述下，學生較能夠思考自己的行為，進而慢慢改變讀書態度。另外，也可以採取異質性分組方式，舉辦小組評比競賽，並寫出下次段考的目標，透過群體激勵督促，發揮共同努力學習的效果。

回饋 (二)

1. 參考前輩的教案，設計適合自己的教材

新任課教師每一學期授課前，最擔心的就是沒有教科書或是可以參考的教材。如果有前輩設計的教案可以參考，新任課教師只要融入自己的創意和想法，就比較容易設計出適合的教材。

2. 共同觀課，增進教學技巧

學校可以多安排共同觀課的機會，讓老師彼此觀摩學習教學活動和技巧，激盪出更多的創意。

案例 1-5

搶救學習動機之晨讀大作戰

關鍵詞：學習動機、學習自信、閱讀教育、親師溝通

一、夥伴教師的情境敘述

夥伴教師的導師班級讀書風氣不盛，學生對小考漫不經心。以歷史科為例，同樣是夥伴教師任教的班級，其他班級的小考平均成績就比自己的導師班級足足高了近10分，讓夥伴教師為她們擔心不已。

不是不同情她們，夥伴教師也能理解課程內容幾乎有一半都聽不懂的窘迫與無助。但是她們唸的是普通高中，基本上都是聰明的，只是不知道怎麼自我調整；而且現在才高一，只要願意都可以追上來。

每天的早自習時間，孩子們除了背昨晚來不及背完、但今日將要考的各科內容，或者寫各科作業之外，習慣性的就是趴著睡覺。如果有小考，大概一半以上的人寫完後就趴睡。雖然一說再說，甚至走到面前去叫醒或拍醒她們，但沒過多久又再趴下去了。每次早自習看到她們痛苦的表情，夥伴教師也覺得很難過。

與家長溝通，家長們都歸因給手機、電腦，既然家長們沒辦法要求孩子將手機關機，那麼夥伴教師除了藉助校規禁止在校玩手機之外，要如何讓他們自願減少使用時間，然後有些餘裕時間可以看看書、背背單字？這是夥伴教師目前最關切的問題。

為了她們的將來，夥伴教師認為無論如何都得慢慢築底、扎根。她一直在尋覓方法，看能不能成功一次就好，讓她們吃到甜頭，日後就有可能自己去完成很多原本認為不可能達成的任務。最近她打算在早自習時間推動閱讀活動，希望學生能從閱讀中「相信自己可以」，建立對自己學習的信心。

二、關鍵人物相關背景描述

　　夥伴教師的導師班學習動機普遍低落，尤其有11位孩子根本就是呈現自我放棄的狀態。要如何一個個的輔導救起，真的要花絕大的心思。像小華同學，她肯幫媽媽做事，也能幫忙管束一下同學的行為，但是她就是自認「我笨」、「努力無效」，沒辦法讀好書。

三、關鍵問題

　　1. 學生學習動機低落，是否有解決的方法？
　　2. 如何透過閱讀提升學生學習動機與成就感？

四、教學輔導教師的建議和協助

　　教學輔導教師推薦夥伴教師閱讀《曾經，閱讀救了我：現在，我用閱讀翻轉一群孩子》這本書，成為最重要的一個契機。

　　教學輔導教師與夥伴教師都同意書中所言「其實不是讀課本才叫讀書，只要是閱讀，對孩子都會有益處」，也因此觸發夥伴老師決定讓孩子們利用早自習空暇時間多閱讀。如果有考試，仍安排考試，但如果沒有安排任何考試，或者寫完考卷後，不可以趴睡、寫其他功課或是唸待會要考試的科目，而必須要閱讀課外書。這個培育過程會很漫長也很辛苦，但是夥伴老師能接受，希望藉此能夠讓班級一步步慢慢走向愛書之路，當能久坐之後，才能再培養學生對課內成績的衝勁。

　　夥伴老師向學生宣布此事時，不少學生持反對意見。為了爭取家長的支持，以便每日晨讀能夠順利進行，教學輔導教師建議她由父母著手。在親師會之前，先以Line通知家長要討論一些與孩子相關的問題。親師日時採取軟性訴求，先對家長強調老師和父母一樣都愛著孩子，希望她們會更好，然後呼籲家長能夠接受晨間利用零碎時間閱讀課外書籍的做法，親師共同合作以促進孩子的學習成就。教學輔導教師也建議她，直接以大考中心的歷屆考題為例，告訴家長現在的考試極為多元化，多閱讀一定有用處。在家長的支持協助之下，學生終於漸漸接受了。

　　教學輔導教師相當佩服夥伴老師，《曾經，閱讀救了我：現在，我用閱

讀翻轉一群孩子》這本書是教學輔導教師先看的，但是教學輔導教師迄今也只遵守學校週一「晨光閱讀」的要求，還沒有特別在班上推動「利用零碎時間閱讀」，這點連教學輔導教師都覺得夥伴老師做得比自己好。

五、事件結果或心得感想

　　因為學生才高一，所以有極大的可塑性，但是也不得不說，這個班級的狀況讓夥伴老師帶得很辛苦，因為必須一直設想：什麼才對她們較好？或是身為導師，可以怎麼幫這些孩子？未必是課業方面的問題，反倒是生活常規更令人在意。所以，這個事件還沒有「最後結果」，如果有，可能也是兩年之後才看得到成果吧。

　　孩子的一生那麼長，相較之下高中老師能陪伴他們的時間是這麼的短。描述這段歷程，一則為教學輔導教師與夥伴老師兩人的教學生涯做個紀錄，也為孩子們的成長留個見證。

◆ 案例回饋

回饋 (一)

　　閱讀是開啟智慧的基石，是打開世界的一扇窗。夥伴老師因為班級學習氣氛不佳，學生學習動機低落，有意採取早自習推動閱讀之策略，並積極尋求家長協助，不失為一種不錯的想法，值得肯定。

　　惟高中每週五天的早自習扣除升旗和小考，能讓學生自由閱讀的時間不多，只靠晨光閱讀恐怕成效有限。建議能建構高中三年長遠的閱讀計畫，有系統、有計畫的推動。譬如：

　　1. 建立親師生共識：將老師想法和家長、學生溝通，一起討論策略，形成計畫，逐步推展。

　　2. 成立班級書庫：蒐集學生喜愛閱讀的各領域書籍，鼓勵學生借閱。

　　3. 推動策略多樣化：利用早自習、班會、自習課或段考後等時機，採取師生共讀、師生分享心得、讀報賞析、時事評論等多樣方式進行。

　　4. 閱讀活動和正式課程結合：夥伴教師是歷史科的老師，可以和歷史教學結合，請學生閱讀與課文相關的史籍典故或影片，在課堂上分享心得、

分組討論、辯論或者戲劇演出，讓閱讀更具意義。

　　5. 擬定獎勵措施，鼓勵「悅」讀。

　　關鍵人物背景描述中提到，該班有多達11位學生呈現自我放棄狀態，且以小華為例，自己認為「因為我笨，努力無效」，由此顯示學生「自我效能」不佳，是導致該班學生學習動機低落的主要原因。根據研究文獻指出，學生學習動機欠佳，主要原因不是來自於學業成績的認知因素，而更會受到個人、家庭或人際關係等非認知因素影響，造成學生自我感覺不好，缺乏自尊、自信、自立，抱持低度自我期望。因此，建議先從提高學生「自我效能」著手，暫時先不要求成績表現。對此，有以下策略提供參考：

　　1. 要先瞭解學生，真誠喜愛學生，建立良好而親密的師生關係。

　　2. 藉由良好的班級經營策略，凝聚班級向心力，營造溫馨而積極向上的班級氣氛。

　　3. 發現每位學生的優勢和專長，與其他任課老師合作，讓學生有展現自己才華的舞臺，給予學習成功的機會，建立學生自信。

　　4. 教學策略要多樣化，從教師中心的講述，轉為以學生為中心的教學，讓課堂上人人都在學習，沒有落單的客人。

　　5. 建立同儕學習策略，讓不會的同學主動尋求協助，會的同學也樂意教不會的同學。

　　6. 教師要設法提高學業成績較低學生的抱負水準，鼓勵他們不斷往上提升。

　　7. 藉由不同管道經常和家長溝通，溝通時要重視對學生的正向表述，切莫經常告狀，說學生的不是，如此才能有效的與家長合作教育孩子。

　　總之，要讓學生體會學習的重要，提高學習動機。首先要讓學生提升自我價值感，從喜歡自己，進而喜歡老師、喜歡同學和喜歡上學。教學輔導老師和夥伴老師可以共同討論有效的班級經營策略，從學生的優勢和建立良好的班級讀書風氣著手，而後檢視教師的教學方法，讓課堂的教學精彩連連，再輔以有系統、有計畫的閱讀策略，相信長久下來必有良好的學習成效。

回饋 (二)

　　學生的學習成效一直是教師關心的重要議題。在本案例中，教師提到善用早自修時間推動閱讀活動、減少3C產品的使用時間、激發學習動機以避免自我放棄等問題，都與學生的學習成效息息相關。對此，個人提出的建議如下：

1. 採取多元方式增進學習動機

　　班級讀書風氣不佳，學生對小考亦漫不經心，部分學生甚至處於自我放棄的狀態，這些現象反映出學生課業學習動機不高，應該透過多元方式，以期有效提升學生的學習動機。利用早自修推動閱讀，確實為可行的做法之一，除此之外還可以配合其他方式，包括課程內容能與生活脈絡連結、選擇的教學策略應符合學生學習習性、給予學生即時性的回饋訊息、提供學生開放多元的成果展現形式、強化親師共構的學習支持網絡、建立溫馨關懷的同儕合作關係、隨時肯定或讚賞學生的成就表現等。

2. 提供成功經驗以建立閱讀習慣

　　研究指出，人每天的活動中有近四成左右是習慣，習慣一旦形成，我們通常不再深思，也不會再選擇，一切就變成自動自發，這可以說是神經系統的自然反應。換言之，習慣成形後，人腦便停止全心全意參與決策過程，該行為模式會自然啟動。所以要改變舊習慣，培養新習慣，就要掌握「習慣迴路」，喚起個體的意識。在本案例中，學生在早自修的時間，常習慣性地表現出趴睡、準備小考、寫作業等回應式活動，若想要培養閱讀的新習慣，應該給予學生提示訊號與獎酬，讓學生逐漸形成閱讀迴路並建立信心，此神經網絡不斷地活化和連結，自然可以形成自動化的閱讀行為習慣。

　　具體的做法包括：提供優質且可讀性高的書單，讓學生選擇；考量學生時間有限，可以選擇短篇新聞、故事等不同類型的題材；鼓勵學生訂定明確可行的閱讀目標，並自我檢核，針對未達成之目標提出改進之道；安排分享活動，讓學生看到自己的成就表現；給予學生持續的成功經驗，以提高自我效能；公布班級整體性的閱讀數據，來激勵個人努力；教導學生閱讀策略，並且避免讓閱讀成為另類的課業壓力；利用合作學習或小組共讀的方式，來提高閱讀的動力等。

3. 從早自修做起，培養時間管理

每個人一天中都有24小時可運用，這是人生最平等的一件事。雖然每個人的時間一樣，但是每個人的感覺和用法不同，還是會產生天差地遠的結果。在學校中，需要學習許多不同的科目，很多學生總是無法精確管理時間，無法有效應用時間，總是覺得書太多讀不完，考試太多跟不上，永遠休息不夠、睡眠不足。如果學生能掌握時間管理的要領，將可找到更多可用的時間，改善自己的學習成效，享受更好的生活品質。

具體的做法包括：讓學生瞭解事情有「輕、重、緩、急」，將每日要做的工作事先列出一份清單，排出優先次序，同時確認完成時間。做事情要避免半途而廢，盡可能做到「今日事，今日畢」。此外，不只是討論哪些事情該做、哪些不該做，還得檢討過往的缺失、忽略的小細節，進一步改變做事方法，讓流程達到「最佳化」，大幅減少時間的浪費。

回饋 (三)

案例中的夥伴老師發覺班級學生早自習時間經常趴睡，於是想利用早自習推動課外閱讀，養成學生閱讀習慣，進一步帶動班級讀書風氣，立意十分良善。

在早自習時間推動閱讀教育，首先必須確認各校週間固定可利用的早自習時間有多少，其次與學生共同訂定班級閱讀目標與計畫。先讓同學選定感興趣的閱讀主題，再協助引導他們針對幾個不同主題，蒐集推薦單篇文章或相關書目，建立具有班級特色的學期或學年共讀書單。老師可設計制式的閱讀心得表單，或更進一步依不同主題擬定討論議題。推動早自習閱讀教育時，亦可採取分組積點競賽的獎勵策略，以落實準時到校參與閱讀，鼓勵同儕互動討論，並以書面或口頭發表讀後心得。

夥伴老師進行早自習閱讀活動之初，亦可指導學生們先從活潑多元的短文閱讀著手，譬如雜誌專欄作家的流行文化趨勢觀察、背包客旅遊文學篇章、近期新奇的科學新知報導……，如此可以促使學生參與討論，增進意見發表時的成就感。待學生適應閱讀活動的安排後，再鼓勵閱讀長篇文章或書籍，讓學生感受視野的開展，感知與書作伴不再孤單，從習慣閱讀漸進到樂

於探尋自己想看的書，閱讀不再侷限於早自習，逐漸養成班級閱讀風氣。

　　夥伴老師指出班級經營的另一困擾是學生時間管理不佳，十多位同學學習動機較為低落，也顯得自信不足。建議夥伴教師先從瞭解學生放學後作息著手，要求學生製表記錄一週放學後的作息，然後自行計算放學後進行用餐、盥洗、看電視、使用三C產品、寫作業、K書等各項活動的平均時間比例。夥伴教師便可依據表列內容和學生個別晤談，協助他們找出時間分配上的盲點，進一步有效管理放學後的作息，同時避免長期睡眠不足，影響學業與健康。

　　夥伴教師對於學生學業表現的怠惰感到失落，希望引導學生找回學習的自信。但學生學習動機薄弱，大多肇因未曾深思生涯規劃，因此建議夥伴教師可安排人生願景的討論議題，讓學生勾勒自身未來的升學、職涯的藍圖，並逐步意識到必須為自己想過的人生付諸努力。

　　除了持續鼓勵學生訂定自我學習目標、經常給予正向回饋之外，夥伴教師更可善用畢業生資源，不定期邀請曾經教過的優秀校友入班座談。他們考取不同大專院校的學習歷程或職涯領域相關經驗，都能讓學弟妹具體認知達到未來憧憬所需的努力歷程，進一步啟發自我策勵的動能。求學階段若能倚重他們最信賴的學長學姊，分享有效的學習經驗，成功典範就在眼前，有為者亦若是，將有助於增強學生自我實現的信心。

第二篇

團體動力與班務

案例 2-1

整潔名次倒數四連莊

關鍵詞：生活常規、整潔維護、榮譽精神、班級風氣、班級幹部

一、夥伴教師的情境敘述

昨天升旗的公開場合，學務主任點名夥伴教師的班級，說該班上個月的整潔名次是全年級倒數。當下讓夥伴教師覺得很不開心，可是他班上的學生卻嘻笑如常，不但沒有羞愧的表情，似乎還把這件事情當成玩笑。

夥伴教師本來很信任班級幹部的管理能力與同學的責任心，相信他們能盡力完成自己的工作。他對學生的要求也並不高，只要每個人能完成自己的工作，班上只要最起碼的不要滿地垃圾，沒有要求要做到一塵不染。

但最近情況越來越糟，只有在夥伴教師的課堂時，學生會因為他的指責而勉為其難的將垃圾丟到垃圾桶，其他的時間照樣亂丟。任課教師到了班上，見到滿地垃圾，都忍不住抱怨，讓夥伴教師對學生的表現非常失望。

夥伴教師請班上的衛生股長家豪（化名）來，討論是否有解決方案。家豪也是滿腹苦水，說他都管不動同學，他請同學做整潔工作，可是有些同學不是不見人影，就是在位子上睡覺，叫他也不理，家豪想把這些人的名字記下來，又怕得罪同學而作罷。漸漸地，認真打掃的同學越來越少，而班上越來越髒。夥伴教師曾經利用班會和早自習訓斥班上學生，可是效果有限，班級常常只能保持一兩天的整潔，過後又故態復萌。夥伴教師也曾經以身作則，試著自己打掃給學生看，部分學生會覺得不好意思，但懶散的學生卻是冷眼旁觀。

這種狀況令夥伴教師無法再忍受下去，重新整飭班上整潔風氣勢在必

行，可是他不知到底應該從哪裡開始比較好？

　　夥伴教師想先要求家豪在整潔工作完成後確實進行檢查，而自己也會進行抽查。同時，班級每週競賽整潔名次若有進步，夥伴教師答應給予全班獎勵。想要請問教學輔導老師，還有什麼更好的方式，可以讓同學更重視班級整潔呢？

二、關鍵人物相關背景描述

　　1. 夥伴教師擔任導師的班級，從開學迄今，已經連續四週整潔名次在該年級為最後一名。

　　2. 學務處重視日常生活教育，整潔工作的評比十分嚴格。

　　3. 多數學生不願做整潔工作，成為班級的一種風氣。

　　4. 衛生股長家豪擔心得罪同學，寧可辭職也不願檢舉同學。

三、關鍵問題

　　夥伴老師該如何使班級學生人人能各司其職，養成維持環境整潔的習慣，有效改善班級整潔，進而提升班級整潔競賽的名次呢？

四、教學輔導教師的建議和協助

　　維持班級整潔是生活教育的一部分，也是公民道德養成的重要環節。如何扭轉班級風氣，培養學生的責任感，使學生重視整潔工作並能確實完成，是導師的挑戰之一。教學輔導教師向夥伴老師分享並討論自己管理班級整潔的一些方式與經驗：

　　1. 製作整潔工作管理表格

　　製作整潔工作的管理週報表，列出日期、學生姓名、工作項目、評比等級、評比標準五大項目，在班會時與學生討論並進行修正，然後公布於公布欄。週報表交由衛生股長進行檢查，並每週公布結果，讓學生明白自己的表現。導師也可以根據週報表，瞭解學生整潔工作的狀況。

　　2. 重新分配整潔工作

　　在班會時將整潔工作項目寫在黑板上，以抽籤方式決定選擇的先後順

序，讓學生自己選擇，告知學生「選你所愛，愛你所選」，但也言明導師擁有隨時視工作狀況調整整潔工作的權力。

3. 建立獎懲原則

導師必須建立明確可行的獎懲原則，例如：以月為單位，評比等級合格15次以上者，記嘉獎一次；而上週整潔工作表現最差的學生，必須擔任一個星期的班級義工，讓學生知所警惕。導師明白的告訴全班，如果衛生股長檢查不確實，衛生股長必須要受到更嚴格的懲處，讓全班知道衛生股長必須認真檢查，乃是承受來自導師方面的壓力。

4. 與家豪溝通觀念

夥伴老師與家豪溝通應該「擇善固執」的觀念，堅持對的事情，並且持續努力，如此必然能獲得同學的認同與尊敬。衛生股長負責檢查，而導師負責獎懲與督促改善同學的行為，分工合作，一起為班級的整潔努力。學期末也依家豪的表現，給予特別的獎勵。

5. 抽查班級的整潔工作

每天利用早自習或午休時間，巡視班級的整潔狀況。如果有表現良好的同學，就多予以公開的讚美與鼓勵；如果有不夠理想之處，應該立刻指導學生重做。

6. 瞭解學校整潔評比的項目與標準

有時候導師重視的班級整潔項目，和學校生活競賽整潔評比的項目或標準可能略有落差。建議夥伴教師到學務處衛生組，瞭解整潔比賽的評比項目與標準，作為期望學生表現的目標與努力的方向。

五、事件結果或心得感想

夥伴教師的執行力很強，是屬於即知即行的類型。他立即善用獎懲原則，建立可行的目標，指導學生改進日常生活的行為。經過四個星期的努力，班上的整潔工作情形改善很多，出現了令人驚喜的變化，最明顯的是學校生活競賽整潔評比的排名，已經從全年級最後一名，上升到第五、六名，也解決了衛生股長在管理班級整潔工作的困擾。

　　整潔工作執行的情況改變了，但班上還是會有學生亂丟垃圾。追本溯源，似乎仍要繼續改變班級風氣，建立學生正確的觀念。雖然知道亂丟垃圾是不對的，少數學生卻把周遭被垃圾圍繞當成有趣的事，有些學生則以嘲笑這些學生為樂，反而增強了那些學生的錯誤觀念。班上雖然有學生不認同這種狀況，但是因為自掃門前雪，只要垃圾不丟在他的座位，就不以為意了。

　　亂丟垃圾雖然不是什麼嚴重的過錯，但一旦蔚為風氣，引發破窗效應，整間教室髒亂不堪，要營造良好的學習環境就成為空談。班級風氣應該從一入學就建立，學生一開始出現亂丟垃圾的錯誤行為，如果得到立即的糾正，相信日後就不會造成班級經營的困擾。一開始建立良好的班級風氣，會比日後扭轉班級風氣要容易的多。古人說要「慎始」，確實是很有道理。

◆ 案例回饋

回饋 (一)

　　在班級經營中，最繁瑣的莫過於環境整潔這一塊，學生在家中如果沒有良好的衛生及環境整理習慣，那麼身為導師的我們，情況就會更為嚴峻。夥伴老師抽到下下籤，學生非但不重視環境整潔，更不將班級榮譽放在心上。幸好夥伴老師是個有心人，他願意花時間去磨掉學生的壞習慣，並且正面肯定學生的轉變，所以努力有了好的回報。以下再與夥伴老師，分享一些可能的做法。

　　首先是打掃工作的分配，可以請學生自己組成三至四人的打掃小組，每一組都要有組長，輪流擔任（這樣每個人才能體會「管別人」的辛苦），再將班上和外掃區分成幾個區塊，讓這些小組分別擔任清掃，一旦查到不乾淨，則組長須負起責任。這樣分組的優點是好朋友在同一組，因朋友間要講義氣，對於組長的管理較能接受及配合，但要慎防「整組擺爛」，所以一定要有一套賞罰分明的制度，讓孩子覺得「整組擺爛」的結果是大家受苦受難。有時也可以召開小組長檢討大會，要小組長公開檢討整組的表現優劣，學生都是有榮譽心的，對於進步要大大的表揚，相信久而久之，孩子都會在乎的。

　　其次，將打掃工作的程序和檢查的標準說清楚、講明白，最好能用文字

記錄，並要同學在瞭解清楚後簽名，甚至在教室可以分區張貼負責小組名單（建議護貝起來才不易汙損），這樣也方便老師抽查時可以及時掌握每項打掃工作的執行者和狀況。

再來是善用學生公共服務制度，班上總有一兩份「特殊」工作是學生最不喜歡做的，例如：倒廚餘桶或打掃廁所，老師可以徵求自願者。若願意倒廚餘或掃廁所一學期，除了未來可以免打掃，還可以抵公共服務8小時（或抵愛校服務10次、20次），這樣通常可以減少衛生股長分配工作的阻力，同時又可以完美解決這些令人頭疼的「特殊」打掃工作。

最後建議老師要把握開學的第一個月，勤快的巡視學生的打掃狀況，並能確切地執行獎賞和懲罰，建立導師的威信。學生不見得怕很凶的老師，卻對比他有耐心的老師沒轍，讓學生明確知道你很在乎的事物以及做事的底線，久了他們自能和你產生美好的默契。

回饋 (二)

學生在學習自治的過程，老師是關鍵角色，無法缺席。案例中的夥伴老師一開始想放手讓學生自治，但放手之前的規矩尚未建立，導致班級幹部權責不明，難以執行。這是許多崇尚民主開放教學模式的教師經常會面臨的課題，整潔工作如此，交作業、上課秩序、準時到校等要求也是如此。

中學教師常會認為學生已經夠大了，不需要管那麼細，也有部分教師擔心管太多會惹人嫌。其實學生的眼睛是雪亮的，他們知道老師是真的適時放手，還是從未投入，而且他們通常會佩服真正有本事、能付出、肯擔當的老師。所以，這個案例基本的關鍵在於觀念，或者也可以說是態度，其次才是技術。

誠如教學輔導教師所言，「慎始」很重要，已經錯過「慎始」，只好「補救」。所幸，只要願意開始，都來得及。案例中，夥伴老師的及時調整，的確在整潔評比中獲得良好的回饋。

案例中提到「任課教師到了班上，也會忍不住抱怨」，這倒值得進一步討論。「我是專任教師，沒有帶班，如何呈現班級經營」是教專推動過程中屢次被提到的問題，可見確實有許多教師認為我若不是導師，進到班級教室內只要把課上好就好，其他的就交給導師了。在本案例中，任課教師除了抱

怨之外，不知是否有些班級經營或教室管理的作為？任課教師或許可以轉化抱怨，採取某些作為，成為夥伴老師班級經營的助力。

從教學輔導教師在事件感想中所述，顯見會談之後，對於夥伴老師班級的改變雖然感到欣喜，但並不以此為足，還希望進一步能將良好表現內化為班上每一分子的好習慣。若要達到目標，與任課教師共同合作指導學生生活常規，將會是有效的途徑。不妨在教學輔導教師的帶領下，邀請班上任課教師共同先要求「座位周邊垃圾不落地」。遇有學生以垃圾滿地為嬉笑樂趣，則嚴正以對。當每位進班上課的老師口徑一致時，學生自然能正視並養成應有的基本公德心與責任感。

案例 2-2

當繼任導師遇到無爲幹部

關鍵詞：班級幹部、團隊精神、繼任教師

一、夥伴教師的情境敘述

　　大學畢業後，美美老師在先前任教的高中受聘四年，扣除留職停薪一年，任教年資也已累計三年，所以不算初任教師。但104年8月進入本校，成為本校的新進同仁，對校內的環境與學生學習情況則尚在摸索階段。

　　本學期開始，美美老師被指派接任高二第三類組男生班的導師，該班高一導師為科內另一位男同事，該名男同事不願意續任導師，改任高三專任老師，不繼續帶班的原因不明。

　　美美老師這個班級的成員在高二經過重組，其中有十六位新成員，大約占班級人數的三分之一，這些新成員正在學習融入原班級。而這個班級有了新的同學、新的導師、新的幹部，生活常規與學習態度都尚在建立中。

　　最近美美老師在班級經營上遇到了難解的問題。一方面，幾位班級幹部不願意繼續領導班級，包括原本自願擔任環保股長的阿新請辭，服務股長小珊也不太願意管理，導致班級環境整潔名次落入倒數幾名；另一方面，學校詩歌朗誦比賽即將到來，班長不領導，負責比賽的學生大忠也不積極，似乎群龍無首，練習時分組各自為政、缺乏團隊精神，如同一盤散沙，面對比賽的壓力，身為導師的美美很傷腦筋。

二、關鍵人物相關背景描述

　　1. 美美老師身為新進教師、繼任導師，對本校教學環境還在適應階

段，班級經營從零開始。

　　2. 該班環保股長阿新與服務股長小珊原本自願服務同學，現在因為遇到不合作的同學，心生挫折，阿新決定辭職，請老師另外指派別人擔任；小珊雖沒有辭職，但是管理不積極，也不求改進。

　　3. 詩歌朗誦的負責人大忠不善領導，面對班際比賽的競爭壓力，表現堪憂。

三、關鍵問題

　　如何重建班級的領導核心，並且提升班級團隊精神，促進同學之間合作的默契？

四、教學輔導教師的建議和協助

　　1. 向資深與有經驗的老師尋求協助與建議

　(1) 班級經營不是一朝一夕可以速成。資深老師的經驗談雖然不見得招招適用於自己的班級，但是因為身經百戰，所以有許多法寶可供借鏡，減少盲目摸索的時間與錯誤。

　(2) 以環保股長的工作為例，有經驗的老師都知道這和班級成員的習慣養成有關，若開學之初便先約法三章，日後管理就會較容易著手。所謂的約法三章，例如：由股長負責制定工作的守則或公約，甚至提出全班同意認可的獎懲制度，清楚解釋各類回收資源，都有助於建立良好的生活習慣。檯面上是由股長出面，但導師必須在背後擔任推手。

　(3) 另外，在選擇幹部時，有經驗的老師更加知道，在男生班要鼓勵同學順手做環保，並不容易推動，最好有一位自願的環保股長。畢竟只有胸懷滿腔熱忱與理想的幹部，才會願意擔任這項吃力不討好的工作。

　　2. 與股長或領導者溝通、關心與協助

　(1) 自願擔任領導者的學生雖有滿腔熱血，但並不一定是最適合的人選。導師必須關心班級事務推動的情形，隨時觀察幹部的需求與同

學的反應，確認他們能做出正確的判斷與領導。除非逼不得已，不要中途替換幹部，以免傷了自尊與威信。如果環保股長請辭，必須先瞭解他的想法、原因或需求，是否老師忽略了他的同儕壓力？是否需要老師的協助與支持？或者需要重新擬定一套可行的管理辦法？經過溝通之後，也許會有解決方案。而導師的關心能讓股長感受到充分的重視，當事人才會有省思調整與繼續前進的動力。

(2) 詩歌朗誦比賽的情況也與領導人的責任感有關。負責班際比賽，難免會有衝突與情緒，導師適時的關懷與調解，或許可以改變班級的氣氛，甚至借力使力，讓領導人贏回自信，也讓班級贏回向心力。

五、事件結果或心得感想

1. 用心經營班級，累積成功經驗

每個有經驗的導師都曾經是個菜鳥，但是每一個錯誤都可以是他山之石，也會是日後成功的墊腳石，只要用心經營，帶班會越來越有心得。美美老師今年是繼任導師，經營班級較為吃力，但是這一輪的經驗可以作為下一輪的參考值；若能反敗為勝，未嘗不是另一個好的開始。

2. 慎選幹部，發揮事半功倍的效果

每一位班級的領導者都是班級的鋼梁與骨架，也是導師的左右手。找到適合的股長幹部，可以因為有強壯的領導核心，而有威武的班級團隊表現，讓導師在班級經營上省去許多功夫，所以慎選班級幹部是導師很重要的課題。在與美美老師會談的過程中，她已經考慮到會利用學期末選舉下學期幹部的機會，讓領導核心重新洗牌，期待新學期開始之後有一番新氣象。至於最近的詩歌朗誦比賽，果然如預期的結果，表現十分不理想，但是班際比賽活動很多，下學期還有合唱比賽，可以在下學期一開學便確認適合的領導人選，預先準備，不再犯同樣的錯誤。

3. 願意努力溝通，是班級經營良性循環的開始

導師是班級活動背後的推手，檯面上讓同學充分領導，但是檯面下必須借力使力，帶動班級參與，引導學生往目標前進。環保股長阿新及服務股長小珊個人的領導魅力或許不足，但是有了老師的讚美與適時的協助，也許不

至於真的做不下去。更何況到學期末還有兩個月的時間，還有表現的機會，可以證明自己不是輕易承認失敗的人。

◆ 案例回饋

回饋 (一)

美美老師身為高二繼任導師，建議在開學之前清楚掌握班級學生的背景狀況，包含先行閱覽學生輔導記錄資料，並請教高一班級導師與科任教師，瞭解原班學生師生互動、親師溝通等情形，以及哪些學生較有領導能力與服務熱忱，哪些學生較有一些行為或學習問題需特別關照。

由於高二選組的關係，班上加入一些新成員，加上導師異動，開學當天美美老師與同學們初次見面是建立師生關係重要的時間點。老師可以用一封信、一句名言，或是見面禮的方式，傳達出對於學生的期許，以及在未來兩年內希望達成的目標。順帶提醒同學在升上高二之後，該如何調整學習方式與態度，為自己立下新的生活與學習目標。此外，美美老師也應提出對於班級規約的原則及期待，諸如希望培養出守紀負責、關懷進取的班級文化。

在幹部選舉方面，美美老師如果能在遴選之前先做幹部職責與人選所需能力特質之說明，尤其將帶班期許與常規期待相結合，並訴諸意義與價值，鼓勵一些有經驗與熱忱的學生以擔任幹部為榮，願意投身班級幹部的行列貢獻服務，主動營造班級團隊氛圍，就比較不會出現無人願意出來競選，或是主動有意願擔任者其特質或能力卻無法勝任此一職務角色的狀況。此外，也要鼓勵學生慎思合適的班級幹部人選，而選出之後就必須配合他們的領導。如果美美老師在開學之前做足功課，清楚知道高一階段哪幾位學生認真負責，頗具人望，或許可以在沒有學生提名之時稍加提醒與引導，鼓勵他們服務班級同學。

當班級幹部遴選完成之後，接下來這一週，美美老師可以和班級幹部開個會議或座談，以類似幹部領導培訓的性質，或者可謂為班級幹部共識營，將班級經營的短中期規劃，與班級幹部討論與修正，同時也就各股股長的職責、具體的運作方式、遇到問題困境時該如何處理等，逐一進行實務討論與演練。其後，導師也要定時、不定時的關心詢問其帶領班級的狀況，提供其

諮詢與建議。

若是擔任幹部的同學在諸如領導、溝通或能力等某些方面較為不足，導師要花更多的心力教導與協助，傳承過往幹部的心法，或運用課餘時間再給予培訓會談。遭遇例如環保股長希望請辭、服務股長不太願意管理的問題，美美老師可先與其晤談，瞭解是否因相關管理機制或是人際溝通遇到挫折所致，再行共商解決方式。中途換將對於班級士氣影響尤大，不可不慎。

對於班級團隊的凝聚與向心，從本文的描述推測，美美老師開學之際可能在「表達期待，約法三章」這一部分較少著墨。其實對於成員重組的高二班級而言，導師在班級成員的團隊合作、關懷利他、積極進取、守時尊重等班級文化的塑造上，仍然扮演重要的角色。對於學校規定之遵守、環境美化與整潔之維護、班際校際競賽榮譽之爭取，仍應在相關場合加以提醒、示範、演練，甚至適時陪伴打氣，如此不僅會讓班上學生感受到老師的關心支持，也可以即時協助班級幹部處理所面對的難題。

美美老師可以在早自修、午餐或午休等時間，經常到班上關心。在班會自治活動時間，扮演一位陪伴與支持者的角色，型塑團隊合作的凝聚力，勉勵班級同學運用空檔時間一起準備詩歌朗誦比賽，爭取班級榮譽。由於班級成員彼此還不一定熟識，或是負責的學生還不清楚如何規劃準備，如何細分各小組分工運作，老師需要即時提供協助與鼓勵，儘量避免學生領導無方，或是出現同學意興闌珊、各自為政的現象。

面對班際校際比賽的排練，相關領導人消極以對，可能因為部分成員配合度不高，或礙於排練時間緊迫，同儕互動難免有些衝突。美美老師可以先瞭解負責同學與班長遇到哪些難題，共同討論找出問題癥結，運用班級自治時間適時引導溝通，說明活動競賽參與背後的意義與價值，重新凝聚班級的共識與向心力，在學生演練過程中則陪伴支持，當可促使班級朝正向積極面發展。

回饋 (二)

1. 精進強化——提升班級經營成效

導師扮演「班級管家」的角色，從整潔、秩序，到學習品行，管天管

地，除了各方面要周全備至、傾聽建言、用心經營之外，要結合班級幹部共同領導，更不是一件容易的工作。

　　班級經營的投入需要面面俱到，建議學期一開始可針對較難達成的項目，例如：整潔打掃、資源回收與秩序維護等，先與班級幹部討論形成班級規範，隨後協同班級幹部進行領導，讓全班學生以分擔責任與榮譽的態度，透過分工合作，共同努力。每星期則針對執行成效加以省思，一方面適度表揚，凝聚班級情感與向心力，另一方面建立督導機制，對於班上缺失進行檢討改進。

　　有關班際競賽活動的參與，可事先瞭解班級學生的能力與興趣，透過班級討論先選出活動小組長或小內閣團隊進行規劃，之後再邀約班級同學共同參與。老師可視實際需求提供過去競賽的經驗，或者影片、優良作品等作為參考，由各組提出活動企劃案，並有計畫的實踐與定期管考。必要時，教師可給予適度激勵與指導，以及協助解決所遭遇到的困難。如此一來，班級競賽便能有備而來地展現成效，同時在合作學習的良好氛圍下，讓參與其中的同學也深深受到激勵及感動。

　　除此之外，老師亦可提供「知識、見識、常識、學識、膽識」五識的培育機會，提供多元的展現舞臺，鼓勵同學分享交流，以期在溫馨愉悅的心境下，當一個快樂稱職的班級管家。

2. 分層負責——加強班級幹部培育

　　班級幹部的培育是落實民主制度、實踐民主法治教育的重要教育歷程。建議老師可透過學校所舉辦的幹部訓練，來傳承擔任班級幹部的經驗。持續利用相關經驗來帶領、督導與支持班級幹部共同淬鍊成長，期許團隊能有更優異的表現。

　　除此之外，充分利用班會與班級活動進行交流，營造民主氛圍，讓學生對於班級制度與相關規定能有表達、申訴與建議的管道。其中也特別安排班級幹部與同學互動溝通，除真誠說明班級事務之外，也接納同學的多元意見，藉此讓學生體認班級幹部的認真付出與關懷，並能正視責任、榮譽與服務的意涵。

3. 眾志成城——凝聚班級團體意識

透過學校與班級活動的實施歷程，充分利用情境教育與人際互動，凝聚班級向心力與建立班級榮譽意識，並給予班級活動表現傑出的學生適度的激勵與獎賞，對於較不積極投入的同學則給予必要的自省與檢討。此外，適度運用同儕影響力與班級規範，建立日後參與班級活動的機制，讓班上師生能在班級學習活動中一起共沐春風、同沾化雨。

案例 2-3

大為老師課間操競賽的大作為

關鍵詞：團體動力、班級向心、班際競賽

一、夥伴教師的情境敘述

夥伴教師大為是高二分流後自然組班級的導師。暑假分班兩個半月後，面臨學校舉辦班際課間操比賽。

這項比賽著重動作設計、隊形變化、音樂剪輯與道具服裝等四大項目。學生必須利用高一體育習得的課間操結構動作進行創作，運用隊形空間，編排出結構流暢完整，動作完美、安全、技巧難度適當等兼顧力與美的呈現。而音樂可在主體音樂不變的原則下自行剪接；服裝則只要是本校制服或運動服皆可，可以加上裝飾以增加視覺效果，但設計必須把握環保原則。

如此大型的班際活動，需要班級所有成員的付出及彼此協助，但新班級同學來自四面八方，彼此間還不甚熟識，而每個學生高一班級的班規又不盡相同，要如何運用這機會建立班級默契、感情與向心力，並讓競賽活動圓滿落幕，目前正傷透腦筋。

二、關鍵人物相關背景描述

大為老師是高二自然組班級導師，學生甫升上高二，但因重新分班而彼此並不熟識。班級目前面臨即將到來的班際課間操競賽活動。

三、關鍵問題

如何藉由班際競賽來增進班級團體動力？

四、教學輔導教師的建議和協助

大為老師除了希望訓練高中生獨立自主外，更希望能培養學生能為團體付出的態度，所以非常重視學校每次舉辦的團體活動，希望藉此凝聚新班級的向心力。對此，教學輔導教師與大為老師進行討論：

1. 教學輔導教師向大為教師分享過去帶班經驗，並建議找有成功經驗的學姐入班分享過去課間操的準備過程。

2. 引導學生討論相關事項，讓學生表達想法，統整歸納獲得共識，藉此提高全班的參與度，而且學生也從中學習與人溝通以及表達觀念、想法的技巧。

3. 請大為教師與體育老師聯繫，並參與體育課與課後練習，讓學生覺得導師一直陪伴在旁，看重每一次練習。並請大為教師參考比賽規則，引導學生做重點加強與訓練，創造更多贏得比賽的可能。

除了進行前述討論建議之外，教學輔導老師進一步實際協助大為老師進行以下事項：

1. 請大為老師調查班上有舞蹈基礎的學生，利用這個優勢，在有限時間內快速編排出兼顧力與美的課間操動作，以及班上可做到的隊形變化。

2. 各籌備組長常於課後進導師辦公室找大為老師討論課間操相關大小問題，除了傳達班上同學意見外，全班也與大為老師建立起革命情感。

3. 因為大為老師積極參與，該班學生也感同身受，看重每次的團體練習。大為老師在學生比賽前夕，還用一封信激發學生潛力，有效凝聚班級求勝共識。信件內容如下：

～甲班課間操　注意事項～　　　　　　倒數八天

甲班的學妹已經進來了，升上高二的妳們，高中生活已經過了三分之一了！回想高一生活，是否有哪些細節，只要妳多留點心，結果就會不同？是否有哪些地方，妳還留有些許遺憾，妳希望可以重新來過？但，這是不可能的！

妳們學姐離學測已剩十九週。部分學姐全心全意的投入這最後十九

週，生活中除了吃飯、睡覺，就只有課業，就像是一株植物，定居在學校與家裡，所必須的養分是書本；但有更多的學姐仍靜不下來，無法將生活中的全部交給課本，覺得這樣生活非常的乏味、辛苦，高中生活的尾聲仍想追求一些不同的刺激，更對這十九週中，每兩週一次段考、每兩週一次模擬考的生活感到不平！為什麼會這樣？為什麼學姐到了高三，反而喜歡參加各種不同的活動？因為學姐心中仍有遺憾，不甘高中生活就這樣在課本中劃下句點。

所以，面對高二的妳們，老師想對妳們說，請用力的活出年輕該有的精彩，不管是八天後的課間操，或國臺語演講比賽、書法比賽、海報比賽、外交小尖兵、班聯會，甚至是二下的英文話劇，請甲班的每個同學，依能力積極參與，努力充實屬於自己的學經歷，不管是任何活動、檢定與考試，請勇敢面對，細心品味其中的辛酸、淚水與狂喜，不管結果如何，不要在高二留下任何的遺憾。

老師知道有同學因為練課間操，已經瘦了好幾公斤（2、3公斤？）；老師知道有別的老師說甲班跳得很棒（可能只是鼓勵性質）；老師知道有同學認為我們已經跳得很好了。但妳們知道嗎？昨天放學有三個班留下來練操！妳們知道嗎？有許多班跳得真的比我們好！妳們知道嗎？我們的動作猶如千手觀音！還有，妳們知道我們甲班的服裝是什麼嗎？我們真的還有許多事沒有到位……我們真的不該只做一隻自我安慰的鴕鳥！！

請少數愛打鬧的同學收起妳的玩性（不要成為自私的害群之馬），拿出甲班特有的凝聚力，將下列注意事項仔細的閱讀，默記在心裡，然後在每一次的練習中，自我檢驗，逐一修正，大家一起讓我們甲班的課間操更加活潑、有趣，充滿「愛」的力量！最後，不管比賽名次為何，我們甲班的熱情與活力一定要滿到爆炸開來！

導師：大為　2015.9.18 晚

五、事件結果或心得感想

　　大為老師思考細膩周延，因此課間操比賽榮獲團體最佳精神獎，並奪下最佳服裝造型獎、最佳音樂剪接獎兩項個人獎項，風光圓滿落幕。

　　最令教學輔導教師感動是那封信，可能因為自己不善言辭，帶班風格總為簡潔有力，學生也多默默承受並乖乖配合。但在大為老師身上看到他能激發學生追求盡善盡美，怪不得大為老師任教的班級，成績總為領頭羊，他有效激勵學生去成就自己。也許每一個過程需要花費很多時間與心力，但在大為老師身上只看到他愛護學生、不求遺憾的態度。行事作風簡潔俐落的我，反倒需要向柔軟的大為老師學習呢！

　　此外，因為與大為老師關係良好，兩個高二班結為姊妹班，有什麼問題可以互相幫忙協助，除了老師間緊密合作外，也讓兩班有更多交流的機會，課業上互補長短，晚自習也併班一同成長，創造雙贏。

◆案例回饋

　　大為老師希望透過高二課間操競賽，增加同學之間的互動合作，以期能達成以下目的：1.凝聚新班級的向心力；2.激發學生的榮譽感；3.培養學生彼此的默契；4.發掘學生的長處及優點；5.建立師生革命情感；6.建構主動積極爭取榮譽的班級特質。

　　針對此案例，教學輔導教師對大為老師的建議十分中肯。首先，經驗的傳承對於班級經營有很大的幫助。藉著與大為老師分享帶班經驗，促成了教學夥伴之間的交流與合作；而推薦學姐入班分享準備比賽的過程，讓面臨比賽挑戰卻毫無經驗的學妹們獲益良多，也因此搭起彼此友誼的橋梁。

　　其次，建議引導班級學生進行討論，除了可以讓來自不同班級的學生有機會熟悉彼此，培養默契，為比賽奠定基礎，並能培養學生協調溝通的能力，學習聆聽多元的意見，並尊重彼此的看法。

　　最後，導師的陪伴與積極參與訓練過程，讓學生可以深深感受到導師對學生的關愛，對比賽表現的期望以及對班級榮譽的重視，一方面能建立師生的革命情感，同時也能激發學生的榮譽感，為爭取班級榮譽而努力。

　　而大為老師接受了教學輔導老師的建議與經驗分享，從調查學生舞蹈

基礎著手，進而協助學生準備比賽。這樣的調查可以幫助教師掌握學生的特質，發掘學生的長處及優點，讓學生在日後學校不同競賽中發揮所長，大展身手，並獲得同儕與教師的肯定。

小組長課後與大為老師的討論，讓導師可以掌握班級比賽的準備進度，加強師生間的瞭解與溝通，並進一步建立師生之間的情誼。

大為老師積極參與學生的練習，並在比賽前夕寫給全班的一封信，勉勵學生利用高二時間追求多采多姿的生活，勇於接受各項比賽的挑戰，強烈期待學生的課間操比賽表現能更上層樓。這封信除了能凝聚新班級的向心力，更讓學生明白導師期望型塑主動積極、爭取榮譽的班級特質。

除了前述的做法外，或許還可以思考或注意以下事項：

1. 對於學生的讚美要直接而具體

在寫給全班同學的一封信中，導師提及學生課間操的表現：「老師知道有同學因為練課間操，已經瘦了好幾公斤（2、3公斤？）；老師知道有別的老師說甲班跳得很棒（可能只是鼓勵性質）；老師知道有同學認為我們已經跳得很好了。」這三點的用意應該是要讚美學生，但導師似乎擔心學生過於自滿而怠惰，所以用較含蓄的方式表達自己對同學努力的肯定。建議導師對學生的讚美可以更直接而具體，點名讚美努力練習的學生，肯定小組長為活動籌劃的盡心，慰勉編排動作隊形同學的辛勞，一方面顯現導師對班級活動的掌握及重視，一方面給予努力的同學正增強。學生在獲得導師讚美的同時，會努力追求更卓越的表現。

2. 應儘量肯定班級的表現

導師在信中提及：「但妳們知道嗎？昨天放學有三個班留下來練操！妳們知道嗎？有許多班跳得真的比我們好！」意味導師覺得與其他班級相比，班上同學練習的時間仍明顯不足，希望同學增加練習的時間，也覺得學生表現因為練習不足以致不及別班。不過，導師與別班比較時措詞要謹慎，否則容易讓學生誤以為導師否定班上同學的努力與表現。如果將語句改成：「班上同學的表現已經有一定的水準了！但我也知道有些班級在偷偷練習，如果我們班能再多增加一些練習的時間，老師相信以同學的努力，一定能跳得比

別班更棒！」肯定自己班級的表現，並引導學生朝期望的方向前進，建立學生面對比賽的自信，學生才能更勇於接受日後的競爭與挑戰。

3. 對於學生的建議宜正向

導師在信中還提及：「妳們知道嗎？我們的動作猶如千手觀音！還有，妳們知道我們甲班的服裝是什麼嗎？我們真的還有許多事沒有到位……我們真的不該只做一隻自我安慰的鴕鳥！！請少數愛打鬧的同學收起妳的玩性（不要成為自私的害群之馬）……」由文句中可知，導師對同學動作不整齊、比賽服裝尚未確定、頑皮的同學不專心練習等頗有指責。建議導師可以用更正向及具體有效的方法，讓學生完成比賽的準備。如果動作不整齊，可以建議學生規劃增加練習時間；如果比賽服裝尚未確定，可以和負責服裝的同學討論，瞭解困難所在，設法協助學生解決問題，並在限期之內完成；如果頑皮的同學不用心練習，可以要求他們在同學練習休息的空檔繼續練習或表演個人秀，或是私下晤談，讓她們瞭解導師對於團隊合作的重視。總之，指正學生的行為雖然是教師的工作之一，但如能以正向且有效的方式對症下藥，或許更能收到事半功倍的效果。

案例 2-4

被資源回收耽誤的午後課堂

關鍵詞：班務指導、事務分派、行政支援

一、夥伴教師的情境敘述

　　李傑（化名）老師擔任七年三班新生班級的導師。該班分配到的外掃區工作是每天中午回收全校餐盒和廚餘，以及每週三處理全校資源回收。對七年級新生班級而言，剛從國小升國中，對於新的校園環境、新的作息時間、新的課程教學等都仍待探索與適應，因此這項外掃區工作歷年來大多是交給八年級學生負責。但是因為受到少子化因素影響，本學期學校減了高達六班，學務處衛生組組長重新調配全校外掃區工作，因此將這個外掃區工作分配給七年三班，而李傑老師剛開學時，妥善分配安排了班級內掃區與外掃區工作。為了確保回收工作更順利，李傑老師指派班上較為認真、負責、有效率的學生擔任外掃區的工作，並親自到現場指導七年級新生如何處理外掃區工作。

　　班級的外掃區，包含三大區域範圍：廚餘回收區、紙餐盒回收區、資源回收區。前兩者，每天中午必須完成，工作量尚可；唯獨每週三全校進行資源回收工作時，各班的紙類、塑膠、玻璃、鐵鋁罐等各項回收物，湧進資源回收區，七年三班負責的同學手忙腳亂地協助資源回收，若遇到沒有事前在教室內先做好回收物分類的班級，還得現場幫忙進行分類。因此，往往無法於打掃時間內順利完工，因而延誤到下午第五節的上課。

二、關鍵人物相關背景描述

　　1. 七年級新生剛進入國中新校園，還懵懵懂懂，諸多新環境、新規矩還在觀察與適應。

　　2. 七年級新生欠缺負責學校大量資源回收的經驗。

　　3. 每週三全校資源回收的時間，須將紙類、塑膠、玻璃、鐵鋁罐等各項回收物分門別類，考驗著七年級新生的工作能力與效率。

三、關鍵問題

　　如何更有效率的完成外掃工作，避免影響下午第五節上課？

四、教學輔導教師的建議和協助

　　1. 建議可以請開學以來訓練出的第一批外掃區負責學生擔任指導者，指導班上其他不熟悉外掃區的學生，使七年三班每位學生都可以處理外掃區工作。

　　2. 每週三全校資源回收時間，輪流增派三至四位新手加入，讓舊有負責同學有輪替機會，一方面符合公平原則，也讓班上每位學生都可以隨時擔任外掃區的支援者。

　　3. 請學務處衛生組特別加強宣導資源回收的分類工作，尤其是針對未能確實做好分類回收的班級，以避免影響七年三班負責外掃區同學週三下午第五節的上課。

五、事件結果或心得感想

　　1. 學務處衛生組答應週三會到資源回收區現場檢查，凡遇到未確實做好資源回收分類、而徒增七年三班負責外掃區同學困擾的其他班級，現場立即要求做好分類，或者直接退回，請其先在班級內做好分類，再送到資源回收區。針對未能確實做好資源回收分類且屢勸不改的班級，則扣減該班整潔分數。如此透過學校公權力的介入，有效縮短週三資源回收的時間。

　　2. 這件外掃區工作引發的問題，促使教學輔導老師省思所謂的「公平」問題。第一，學校讓七年級新生班級一入學就負責管理每天中午全校餐

盒、廚餘的回收，以及處理全校資源回收工作，這項工作分配對新生班級是公平的嗎？第二，為使回收工作更順利，李傑老師指派班上較為認真、負責、有效率的學生擔任外掃區工作，這樣的安排對這些學生公平嗎？以上兩點見仁見智，有各自不同的立場及因應之道。但教學輔導老師期待除了訓練學生把吃苦當吃補的刻苦精神外，在面對問題時，如何勇於爭取自己該有的公平對待，也能勇敢為自己發聲，讓學校行政單位瞭解可以協助之處，同時也讓學生學到全班每一個人都需要去面對並承擔班級共有的責任與挑戰，即使那項工作有點累、有點髒、有點無聊，都需要去體驗與克服。此外，必須教導全班學生合作解決問題，而非將責任推給認真、負責、有效率的學生去承擔。

案例回饋

回饋 (一)

　　誠如教學輔導教師所述，七年級新生班級尚在適應新環境和新規矩的階段，若需承擔全校性的餐盒、廚餘及垃圾資源回收工作，並非得宜。原因之一是，萬一高年級學生未能遵守規範，極易發生不愉快的對立衝突；此外，資源回收需要相當的參與及處理經驗，新生班級很有可能因經驗不足而耽誤上課時間，如能讓已有較長時間經驗的八年級學生擔負，應較七年級學生適任且輕鬆許多。衛生組長在編配外掃區工作時，需就學生班級能力及導師特質做全盤性考量，才不致因貿然編配，而徒增執行階段的困擾。

　　若此項工作必須交付七年三班負責，除教學輔導教師的具體建議之外，建議李傑老師可再思考以下可行方案：

　　1. 因導師中午時段尚有班務待處理，恐無法每日定時到外掃區進行督導，因此可請衛生組長務必固定編排環保小志工及環保家長每日中午到場協助餐盒、廚餘回收工作；尤其週三中午資源回收時段，更須增派人手，不要將此項複雜的工作丟給經驗不足的七年級新生承擔。

　　2. 為使既髒、又累且無聊的資源回收工作能夠提升處理效率，又能增加執行創意及趣味性，導師可藉班會時間分組討論，進行腦力激盪，一方面凝聚班級共識，讓此項工作不致僅由少數認真的學生辛苦承受壓力，另方面

亦可藉由團體創意性的集思廣益，增加工作執行時的效率及趣味性，議題可以包括：

(1) 如何改善資源回收場內外觀的面貌，使資源回收場看起來不再單調而無趣？

(2) 週一到週五之間當如何有效安排不同資源分類回收，並增加回收時間的機動性？

(3) 如何使全校各班級確實配合資源分類回收工作，如未能配合時，當如何處理？

(4) 如何設計適當的表單，有效記錄各班具體配合情形，以提升資源回收效率？

(5) 如何進行班級外掃區任務輪調，使全班皆能參與此項重要且富意義的工作？

如能討論獲得若干可行方案，有關全校配合的事項，由導師出面請學校給予大力支持，有關班級內部的分工，則交付班級幹部妥擬具體辦法，由導師督導執行。

3. 做好資源分類回收是每位學生皆應具備的重要生活能力，導師可藉由適當的班級小組分工，以及小組長制度的建立，由各組小組長掌握該組工作要點，並定期進行工作輪替。導師掌握小組長執行情形及工作表現，適度給予公開表揚及實質獎勵；小組長掌握組員執行情形及工作表現，適時回報導師，由導師適度介入處理，以確保個別成員的工作效率。

在此項造成困擾的問題上，導師若用心思考並提出有效的解決策略，不但能迅速拉近師生關係，也能增進學生對導師的信服感及對班級的向心力，同時亦可藉此進行機會教育，逐步建立學生良好的學習態度、生活習慣與解決問題的能力。

回饋 (二)

1. 檢視導致關鍵問題的「病因」

本案例中，我們看到的「病症」顯然是七年級新生因外掃區資源回收工作繁重，導致下午第五節無法準時上課。解決策略便是要抽絲剝繭，找出導

致此「病症」的潛藏「病因」，對症下藥，才能改善學生所遭遇的困境。

2. 對症下藥

針對導致學生目前困境的「病因」對症下藥，調整或改善處理方法與決策過程，其應使用的「處方」有：

(1) 尋求行政單位的支持

學校減班導致班級外掃區擴大是不爭的事實，但行政單位安排班級外掃區要考量合宜性。新生剛入校，對學校的生活作息都還在適應中，直接安排七年級新生擔任全校資源回收如此繁重的工作，似乎有調整空間。況且，新生對於那些未澈底做好資源回收分類的高年級，相對較無約束與要求能力，將加重後續資源回收的工作量。因此，李老師應向行政單位反應，建議調整外掃區。

(2) 成立衛生環保社團

資源回收工作除了列為班級外掃區外，亦可成立服務性社團處理，並給予參加社團的學生服務學習時數，如此不僅可以增加人力，協助資源回收工作，更可以教導學生服務的人生觀，是解決目前遭遇困境一舉兩得的做法。

(3) 分時段進行不同類別的資源回收

一般學校的資源回收類別大多區分為紙類、塑膠類、玻璃類及鐵鋁罐類等，李老師可以與行政單位溝通，將不同類別的資源回收分散於不同時段處理，例如：星期一紙類、星期二塑膠類、星期三玻璃類、星期四鐵鋁罐等。當然也可視回收量加以調整，例如：星期三回收紙類、塑膠類，星期四回收玻璃類及鐵鋁罐類。工作量分散於不同時段，將可以縮短學生完成回收工作的時間。

(4) 查核各班是否落實資源分類

學習與落實資源分類是每一位學生應有的素養與習慣。因此，李老師應請行政單位宣導，由各班導師教導與協助檢查班級資源回收分類是否落實，衛生組再以抽查方式督導。如此，前端落實分類，後端負責全校回收的班級，工作即可減量。

(5) 尋求家長或社區志工協助

就學校實務運作而言，各校都有家長志工協助學校事務。李老師可申請

家長志工，於中午時段協助班級進行資源回收。另外，校方亦可商請社區志工團體入校協助，這將有助於減輕學生資源回收的工作量。

(6) 公平與公道的價值取捨

李老師將外掃區整潔工作安排定時輪替制度，這是公平的做法。但教育尚需考慮「公道」的精神，「公道」的精神在於「適才適所」，依學生能力指派不同工作。公平與公道的價值取捨，不是一刀兩斷的二分法，李老師需視班級氛圍決定以「公平」或「公道」何者為優先考量。

上述解決「處方」，並非全部都得使用，只要有效的同時使用兩、三種方法，相信學生無法準時於第五節上課的情形即可獲得改善。

回饋 (三)

案例中李傑老師所屬班級分配的外掃區工作實在繁重，除了每日中午必須回收處理全校師生使用後的餐盒及廚餘，每週三還要負責全校資源回收工作。富責任感的李傑老師，每天都親自督導學生進行這些工作，確實非常辛苦。尤其是週三全校資源回收時，各班的紙類、塑膠、玻璃、鐵鋁罐等回收物湧進資源回收區，負責的學生還得現場幫忙進行分類，因此無法於規定的時間內完成任務，導致延誤上課時間。假設此種情況經常發生，將造成學生受教權益的損失，學校可能遭受家長的投訴，也增加李傑老師班級經營的困擾。此外，七年級新生剛進入全新且陌生的學習環境，需要班級導師費心指導，身心靈等各方面才能獲得安頓，但學生必須面對如此艱鉅的特殊任務，肯定很有壓力，也會發出怨言，在在考驗李傑老師的危機處理能力。

首先，李傑老師宜選擇較溫柔而細膩的方式，去應對學生可能產生的不滿情緒。請參與外掃區工作的學生，利用紙筆書寫外掃區工作時的困難點以及建議，或者個人的心聲，藉此抒發學生的鬱悶心情。批閱學生書寫的內容時，給予文字或口頭的正向肯定，讓學生知道老師每天與他們一起在外掃區，看到本班同學遇到未確實做好資源回收分類的班級都能熱心給予幫忙，老師很欣慰也很感動，並承諾將盡力設法向學校尋求支援，以降低同學們的工作負擔。

李傑老師後續可依據學生書寫的內容，整理學生吐露的心聲，去向學校相關處室單位反映，爭取行政的協助（例如：要求督導全校各班確實進行

垃圾分類，取消固定週三進行資源回收，改依不同日期分別回收不同類別資源，成立學校衛生環保社團協助資源或廚餘回收等）。

　　最後，李老師可以親自邀請衛生組長或學務（訓導）主任到現場瞭解情形，相信他們親眼目睹學生辛苦工作的情形後，會願意伸出援手來協助解決問題。

第三篇

特殊學生與輔導

我的課堂鬧哄哄

一、夥伴教師的情境敘述

　　昨天輔導課時，夥伴教師希望同學多分享自己的感受，因此甫上課就鼓勵同學發言，班上同學顯得特別興奮，大聲回應：「好喔！」

　　隨後在夥伴教師進行課堂提問時，小志不斷做出怪表情，甚至有時會故意鬧鄰座同學，引發座位四周同學的嬉笑，心情浮動，進而跟著嬉鬧。夥伴教師發現後，要求小志及與其嬉鬧的三位同學到教室後方罰站，但是不一會，他們在教室後方又繼續說話打鬧。

　　夥伴教師繼續進行課堂提問，同學的回應帶有玩笑成分，且你一言我一語，無法聚焦於回應夥伴教師的提問。請同學好好回答，同學說：「老師，我們很認真回答，認真說出自己的感受！」

　　此時，小羽在寫數學講義，夥伴教師要求他收起來，他回道：「我只是放在桌上，沒有看。」再次要求時，卻回說：「我上課有在聽，這是我的東西，為何不能放在桌上？」在一言一語往來中，氣氛顯得尷尬，最後小羽雖然收起講義，但是表情和態度十分不甘願、不友善，整堂課就在這樣鬧哄哄的情形中結束了。

　　平常上課雖然也有秩序不佳的情形發生，但是從沒這麼誇張過。這次夥伴教師原本希望能透過討論更瞭解同學的想法，協助同學解決問題，同時也增進班上同學的相互瞭解，但是這一整堂課卻因為秩序問題而無法聚焦於討論。雖然班上的小潔、小恩、小慈、小錡、小琳、小宏等六位同學未參與嬉鬧，但是因為課堂秩序不佳，導致他們沒有任何發言機會。夥伴教師想要請

教該如何要求同學維持良好的上課秩序，並認真投入討論？

二、關鍵人物相關背景描述

1. 這是一所偏向社區型的小學校，以學區內的學生為主，少數越區就讀，全年級學生僅160多人，同學和老師間的關係還算緊密。該班同學的段考平均成績居年級中間，雖然有多位性情較調皮、愛玩鬧、講話有時較無法拿捏分寸的同學，但是沒有品行惡劣的學生，全班基本上仍知道要對老師有禮貌，不可行為過當。

2. 該班導師的帶班風格屬於苦口婆心型，認為此時期的小孩調皮、愛玩鬧乃是天性，因此對於同學的不當行為常以口頭勸告方式處理。

3. 小志為過動兒，在班上上課常有注意力不集中或喜好玩樂的情形。母親認為服藥會造成其生長緩慢，因此並未服用藥物。且母親不希望小志被當成特殊生，因此並未列入輔導室的輔導名單。

4. 小羽為八上轉入的學生，父母離異，跟著父親與阿嬤一起居住，但因父親工作繁忙，因此小羽的日常生活起居由阿嬤一手包辦。由於阿嬤十分寵愛孫女，對孫女常有求必應，因此養成小羽較驕縱、愛辯解的性格。

5. 同學平常的確較調皮、愛玩鬧，但是遇到態度較嚴厲的老師，就會收斂許多。此外，小志、小羽的情況也曾在其他老師的課堂發生，並非僅針對輔導科這位老師。

6. 班上同學基本上滿喜歡夥伴教師，只是因為輔導科非升學科目，加上老師性情較溫和，因此同學過於放縱而不知節制。

三、關鍵問題

如何維持課堂秩序，並對這群愛玩鬧的同學進行後續輔導？

四、教學輔導教師的建議和協助

1. 引介其他老師協助夥伴教師

(1)與導師溝通交流：請導師協助要求學生，或跟學生說明輔導科老師的用心，以及與學生互動的感受，以激發班上學生的同理心與友善

的態度。

(2) 與任教同班的科任老師橫向聯繫，協商共同的管教措施，例如：一致做到：

① 該嚴厲就要嚴厲：先好言告知學生課堂規定，當學生違反規定時，便立即嚴肅糾正其不當行為，並說明再犯即予以處分。

② 善用聯絡簿：學生若有擅自發言或不當發言時即予以告誡，累計滿5次則寫在聯絡簿上，讓家長知悉學生上課狀況，並請家長協助督促。

(3) 請學務處支援：如果夥伴教師認為有必要，請生輔組長協助找小志、小羽瞭解狀況，並給予適當處分。此外，在夥伴教師上課時於教室外巡視，協助維持上課秩序。

2. 制定課堂規範

夥伴教師與各個老師交談後，思考適合自己的課堂規範，接著由教學輔導教師檢視其制定的規範，給予修正建議，諸如：

(1) 項目不宜過多過細：項目過多過細，不但學生記不住，也會給人規範過多的感受，容易產生反感。此外，教師自己也記不住，執行時易綁手綁腳。建議先針對重要事項進行規範即可。

(2) 平衡賞罰比例：課堂規範除了懲罰之外，也該有獎賞制度，賞罰分明才能使學生信服並獲得正增強效果。

(3) 讓學生參與修訂：課堂規範實際適用對象為學生，因此也應讓學生參與修訂，如此實行起來才更能獲得認同，並具規範力與正當性。

(4) 讓學生簽名承諾：制定好課堂規範後，應告知學生並得到學生的認可。可以請學生將修訂過的課堂規範抄寫下來並簽名確認，如此不但可以確定每位學生都清楚知道課堂規範，同時也讓學生學習對承諾應自我負責。

3. 臨場反應演練

當學生出現不當行為時，夥伴教師應知道如何臨場反應。為了讓夥伴教師能更有信心，教學輔導教師協助夥伴教師進行以下幾方面的模擬演練：

(1) 告知課堂規範：夥伴教師身為輔導科老師，具有關懷學生與聆聽學

生意見之特質，在告訴學生課堂規範時頗能動之以情，但是相對的較少說之以理和威之以勢，因此協助夥伴教師加強這些欠缺的面向，以期恩威並濟。

(2) 語氣調整訓練：平時上課語氣和學生出現不當行為時的語氣要有所區隔，平時語氣親切平和，但當學生出現不當行為時則必須以嚴肅果斷的語氣進行糾正。

(3) 臨場反應模擬：學生有時刻意試探教師，若教師當場的反應能讓其信服，必定較願意尊重老師並遵從老師的要求。因此，協助夥伴教師模擬各種臨場狀況，以增進其反應能力。

(4) 借重班級幹部：教師在教室授課時不應單打獨鬥，有時透過同儕的力量，將更能發揮事半功倍的效果，因此引導夥伴教師練習如何將班級幹部納入支援協助系統。

(5) 稱讚良好行為：過度把焦點放在不當行為上，反而使學生學到負面行為。因此，引導夥伴教師練習多稱讚學生的良好行為，為其他學生建立良好的典範。

4. 輔導行為不當的學生

讓學生承諾遵守課堂規範後，仍可能會有說到卻未能確實做到之情形，或者部分上課出現不當行為的學生不自覺自己就是始作俑者。因此，對這些學生有必要進一步的溝通與輔導，使其明白老師對他們的期許，並能甘願接受可能的處分。

(1) 小志及小羽：即便小志、小羽兩位學生可能傾向認為一切的錯都是別人引起的，自己是被動的受害者，但亦應要求他們答應老師日後願意克制自己的情緒。

(2) 附和的學生：與附和的學生溝通，使學生知道和小志上課玩鬧是不對的，答應今後會克制自己。若忘記自我克制，也樂意接受老師的指正並努力上課。

五、事件結果或心得感想

夥伴教師是個樂觀積極、願意接納多方意見、擁有教學熱忱的輔導科老

師。先前的教學經驗大多是面對思想較成熟、較能以言語溝通的高中生，上課時僅需稍作告誡，同學就能知道分寸。然而面對思想幼稚、喜好玩鬧的國中生，則相對較缺乏班級經營經驗。而且其本身長期接受諮商輔導訓練，因此語氣溫和慈善，讓神經大條的國中男學生渾然不知自己已經惹得老師火冒三丈，仍然一副嘻皮笑臉的模樣。

夥伴教師聽取教學輔導教師的建議後，和全班同學開誠布公的說明清楚，修正面對不當行為的語氣與態度，制定課堂規範，並與不當行為學生晤談。經過一連串的努力後，班上學生已能感受到輔導科老師的用心良苦，並願意配合老師的課堂規範，讓上課能維持相當程度的良好秩序。

學生的輔導絕不是一時半刻便能立即見效的，學生可能依然會有暴走的情況發生，需要耐心、恆心以及長時間的陪伴才能日起有功。但是有了這次的經驗後，相信夥伴教師日後面臨相關問題時，將能更有信心且獨當一面的面對處理。

事情圓滿告一段落，同學的上課秩序受到控制後，接下來還有幾個面向值得再深思，並且不斷檢視與修正：

1. 設計合適的課程與善用教學策略：能設計出適合同學的課程，妥善運用教學技巧，清楚呈現教材內容，才能吸引學生的目光，從根本提升學生上課的專注力。這方面的專業知識，教學輔導教師較無法提供直接的協助，建議夥伴教師協請學校資深的輔導科老師予以協助。

2. 尋求家長支持與配合：學生的輔導除了需要導師的協助外，更需要家長的認同與配合，如此才能三管齊下，有效輔導學生改善其不當行為。因此，後續如何與家長有效溝通，將是夥伴教師的另一項課題。

◆ 案例回饋

回饋 (一)

針對此案例中夥伴教師經驗到的挫折，提供以下幾點建議：

1. 不斷修正課程設計：課程設計是一門藝術，要學生能充分參與、又要遵守規範，並不容易。所以在設計相關課程活動前，要知道學生的先備知識、班級屬性、教學目標等。教學活動設計完成後，可以與資深老師討論並

修正，執行完之後則再做檢討，以使課程教學不斷精進。

2. 持續教師專業成長：藉由參加研習、研討、社群、教學研究會等方式精進教學方法與策略，提升教學技能，並找到適合自己的教學方式。

3. 增加對學生的瞭解：教學之前必須先能瞭解學生屬性。夥伴教師由高中轉職到國中，學生屬性有所不同，關於國中生的相關資訊可詢問學校資深老師。

4. 改變座位安排：將吵鬧的同學予以適當分離，避免愛講話的同學集體起鬨。

5. 建立並適當執行班級常規：先管而後教，要有良好的學習環境才能有好的學習成效，因此班級常規的建立與執行十分重要。對於建立與執行班級常規，提供幾點建議供作參考：

(1) 以正向語言條列，例如：我會準時進教室、上課認真學習等。

(2) 在符合教育政策下給予違規同學適當處分。

(3) 多給予優良行為正增強。

6. 正向引導並加強親師合作：

(1) 如果能給予活潑外向的小孩正向導引，可以成為老師的得力助手。

(2) 以幫助小孩為出發點，多和家長溝通小志為過動兒的事情，相信比較能讓家長接受，同意讓小志接受醫療單位的協助。

(3) 課堂處理態度與說話技巧要委婉但堅定，例如：上課前就應先要求將非上課用品收起來，如學生桌上還有其他非上課物品，應當立即提醒並要求收起來。

(4) 與愛辯的小孩溝通，語句要有部分彈性空間。教師說話技巧可以多訓練，思考如何能不以權勢強壓而說得贏學生。

(5) 和小羽父親與阿嬤多溝通，瞭解學生個性與喜好，一起關心與輔導學生。

教師在各個教學場域所使用的教學方法不同，因此必須不斷的精進。而且每位老師的個性不同，應該找尋與自己類似且教學成效良好的老師並向他們學習。透過社群或同儕的互助與合作，彼此互相學習成長，成為強而有力的教育團隊，如此才能提高學生學習效能。

回饋 (二)

面對這樣的案例情境，教師可採取以下的做法：

1. 瞭解個案

夥伴教師可先深入瞭解小志的過動情形，或向特教老師詢問相關資料，並利用輔導課進行團體輔導，讓小志的同班同學明瞭他的情況，以及當小志有狀況時，老師可能會給予他不同處置方式之原因。另外，也讓同學們知道該如何以適當的方式與他互動；必要時，也可徵求志願同學當小志的小天使，適時提供小志必要的協助及關懷。

2. 個別晤談

夥伴教師可分別找小志及小羽晤談，並善用「我訊息」的溝通技巧，讓兩位學生知道其課堂的言行舉止對老師造成的困擾，以及老師對他們課堂行為的期望。同時再配合「行為改變技術」，消極消除其不適當行為，積極增進其良好行為。

3. 召開個案會議

夥伴教師是輔導科老師，可以主動召開小志及小羽的個案會議，盡量邀集班上所有的任課教師與會，共同針對兩位學生的學習情形提供資訊。藉由該班所有任教老師的分享，一起找出兩位學生的亮點，讓老師們不要只看到他們的缺點，更能以正向的態度，引導他們展現自己的亮點以獲得成就感。此外，學生較為信服、關係較好的老師，通常較能發揮影響力，因此也可以藉此機會瞭解他們信服的老師是誰，再請他們信服的老師糾正他們不適當的言行。

4. 精進班級經營知能

提供夥伴教師班級經營相關書籍閱讀，或鼓勵他到其他班級經營成效不錯的教師課堂中觀課，以期理論與實務並重，對於班級經營能有更深一層的體會，瞭解班級經營必須恩威並重。另外，夥伴教師在一段時間的班級經營專業成長後，可再邀請教學輔導教師或其他班級經營較有經驗的教師入班觀課，瞭解其專業成長成效，並再給予更精進之回饋。

案例 3-2

好問不好禮的特殊學生

關鍵詞：特殊學生輔導、課堂干擾、課堂提問、師生關係

一、夥伴教師的情境敘述

　　在臺灣，學生通常不太願意在課堂上發問，因此當有學生能在上課時問老師問題，往往會讓老師驚喜不已，大加肯定。但是在夥伴教師胡老師的課堂上，有這樣一位大方（化名）同學，幾乎每一堂課都會發問，不過他的問題有時真令老師招架不住。

　　大方對歷史背景、專有名詞、年代等頗有研究，並且記憶力極佳，對於課本、習作及教師補充講義中的內容了然於心。教師上課時，他若發現內容有問題、表述模糊不清或產生疑義時，會立刻提出自己的看法，想到什麼就說什麼，而且通常是以指責、質疑的口吻與教師對話，例如：老師你講錯了，這裡不是這樣，而是……。他說話的語氣和情緒太過強烈，常使老師有不被尊重的感受。如果老師不即時給予回應，大方會一直追問下去，胡老師的授課節奏常常被他打斷，造成困擾。

　　此外，大方問的國文問題往往是一些例外的文學現象，無法以文學脈絡的理則去推斷。例如：針對中唐白居易所提倡之新樂府不入樂這個問題，大方問：「漢樂府可入樂，為何中唐的新樂府不可入樂。如果不能入樂又為何能稱樂府詩？」胡老師回答：「他們主張詩要能反映社會當時的狀況，強調要有內容、意義，而不以入樂與否為判定標準，因而新樂府多不能入樂。」大方此時會說：「老師這不對，邏輯不通，若文體以樂府為名，一定要入樂才行。」於是師生開始討論此文學現象，這段課堂對話就可能花掉了

十幾二十分鐘，類似狀況幾乎每節課都會發生。在授課之時，要面對大方的質問，又要完成每節課的教學進度，顧及其他學生的學習品質，對胡老師來說，是個極大的挑戰。

最近，10月9日，大方又對教材提出質疑。胡老師在上課時講授「退避三舍」成語，補充資料和學習講義上所寫的君王不同，大方質疑「退避三舍」成語中所提到的楚國國君，到底是「楚成王」或是「楚莊王」……。

由於大方本身有情緒障礙，常率性直言且不甚有禮貌，因此他在班上的人際關係不佳。胡老師想要多關心接近也不可得，甚至在路上遇到，該生相應不理，視若無睹。這樣的狀況，胡老師不知該如何因應？

二、關鍵人物相關背景描述

1. 大方：記憶極佳且喜愛發問，但有情緒障礙，經常率性直言且不甚有禮貌，因此他在班上人際關係不佳。

2. 胡老師：是位柔婉有耐心的教師，任教時間雖不長，但有積極向上的心，也多次擔任認輔教師，輔導需要關懷的學生。

3. 學校背景：這是一所在特殊生融合教育上頗具成效的學校，故極受特殊生家長青睞。一個班級中多半會有兩位以上特殊生。對普通班教師而言，和特殊生相處需要有更多的同理與教學技巧，才能適時適切引導學生。

三、關鍵問題

胡老師該如何讓熟悉歷史的大方，成為教師的幫手，在教學的過程中也能讓大方學會「說話的藝術」？

四、教學輔導教師的建議和協助

原則上，面對大方這樣過動情緒的特殊生，使用較直接的語氣表達意見時，可以用婉轉幽默的方式提醒。以下幾點具體建議，可供參酌：

1. 化阻力為助力，找出亮點讓其發光發熱

(1) 課堂當面肯定其發問

在大方質疑「退避三舍」成語中的國君到底是「楚成王」或「楚莊王」

的當下，胡老師應先肯定學生能發現兩處資料不同，並回應學生有一處寫錯了，必須再查閱該歷史事件發生的時間，或詢問出版社編輯，確認之後再告知學生正確的資料（事後確認應為「楚成王」），並請教科書出版社做修改更正。

(2) 私下聊聊，建立友好關係

透過私下閒聊肯定其學習能力，並引導其說話的技巧，建議他課堂發言或提問時，說話的語氣及態度要更平和。

2. 增加專業知能

胡老師在備課之時，對於授課資料要有更明確的掌握，儘量避免錯誤疏漏或者有無法回答的情況。

3. 善用資源，瞭解並打入特殊生的心靈

可以請求同儕、導師或特教老師等相關專業人員提供人力或專業協助。自己也多閱讀相關書籍及文章，例如：《過動不須藥》、〈我過動，我的人生很美好〉等，知己知彼，方能成就雙贏。此外，「財團法人臺灣赤子心」網站也有許多資訊可供胡老師參考。

五、事件結果或心得感想

班級內若有特殊生，教師勢必要付出更大的心力關懷他們，校方每年亦編列預算，要求每位老師參加特殊教育輔導相關知能的研習。

對胡老師來說，課堂上面對學生這樣的發問，是充滿挑戰的。然而胡老師是一位極有愛心和耐心的老師，始終懷著感恩的心情，視危機即轉機，相信這樣的挑戰可以讓自己不斷提升專業知能和EQ。

由於胡老師的認真努力、耐心引導，積極付出關心、瞭解與接納，讓學生從一開始的相應不理、語氣質疑，慢慢地開始對老師產生好感，於是師生之間產生了美好的互動共鳴。這名學生課堂上若有問題，在教師適時的引導下，能即時解除困惑，課程也得以順利進行。以下幾件事例足以說明：

1. 10月15日：過去大方遇到胡老師原是相應不理，但在胡老師肯定他的表現後，在路上會主動與老師打招呼，並且感謝胡老師每次上課都會補充相關的格言。

2. 10月29日：胡老師在教導「年紀」時，大方問胡老師是不惑之年還是知命之年，胡老師原想相應不理，但覺得這樣沒有辦法讓孩子成長，於是就以幽默的方式告訴孩子：「難道你不知道女人的年紀是祕密嗎？把這個祕密說出來，女生會很介意。」大方就很靦腆的笑了笑，胡老師則予以關懷接納。

3. 11月12日：大方告訴胡老師他在讀〈出師表〉時感動到哭泣，這份與古人共鳴的心，受到老師的讚譽。

這些改變，都是源於胡老師的耐心付出。胡老師不因大方在課堂上造成干擾而責備他，反將此作為自我勉勵的基點，更用心備課，並且對大方予以更多的關懷。相信在未來的教學生涯之中，胡老師若再遇到相似的問題，也能迎刃而解了。

參考文獻

張明玲（譯）（2011）。史丹利‧葛林斯班、雅各柏‧葛林斯班著。過動不須藥。臺北市：智園。

李宜蓁（2013.01）。我過動，我的人生很美好。親子天下雜誌，42期。

財團法人臺灣赤子心網站，http://www.esmt.com.tw/foundation/support_06.asp

◆ 案例回饋

回饋 (一)

問問題是學習過程中相當重要的一環，但遇到不斷提問而影響教學的學生，確實會帶來挑戰。就此情形提供下述看法供參酌：

1. 針對課堂上很會發問的學生，可以事先與其約定每節課發問的次數，讓學生在發問前，先謹慎思考自己的問題，其餘問題可以在課後詢問老師。同時搭配增強系統的運用，提升學生自我控制的能力。

2. 針對學生提問的問題，老師無法在課堂上立即解決時，可先稱讚學生所想到的問題很棒，鼓勵學生回家先做查詢，再來與老師進行討論。

回饋 (二)

如何關懷引導好問的特殊學生，可從以下三方面來探討：

1. 學生提問背後的動機可能包括對老師好奇、挑戰權威、單純求知等三種。針對三種不同動機的學生，分別有不同的應對方式：

(1) 對老師好奇的學生：將這種學生對老師的關注，化為期待學生提升良好表現的動力，老師為這樣的學生設立目標，當學生達成時，給予其適切的鼓勵。

(2) 對挑戰權威的學生：對這種學生的提問，更深入且廣泛地做延伸性的知識探討。

(3) 對單純求知的學生：引導這種學生掌握問題，並進行探究。

2. 透過輔導老師、導師或家長討論以瞭解大方的情形，同時調整自己的教學計畫。大方的導師及輔導老師應該也會遇到大方好問的狀況，可共同商討應對方式，以教導大方最妥善的發問方式或態度。

3. 胡老師本身要加強專業知能，備課必須更加用心，將自己覺得不甚有把握的部分查閱清楚，以備學生的提問。並且以教學相長的心態面對學生提問，努力充實自己，成為更專業的教師。

回饋 (三)

當老師精心準備的課堂教學被學生阻斷，該如何處理以期維持流暢的教學節奏，可以有的思考與作為面向有三：

1. 詮釋學生提問的內涵

就本案例而言，快速切中學生問題的核心，即可在知識上給予明白踏實的感受。老師可以先讚美學生：「這個問題很有意義，確實是文學史上的重要議題。」接著告知：「樂府的精神就是『感於哀樂，緣事而發』，這是從漢樂府以來所承襲，白居易秉此創作『文章合為時而著，歌詩合為事而作』的新樂府，有其時代意義。」同時，為了不讓其他學生晾在一旁，形成你來我往的個別授課局面，最後不忘說：「這樣解釋，所有同學應當都非常明白，謝謝這位同學（最好能直呼其名）的提問。」

2. 觀察學生提問的表情

解惑的同時，老師應可觀察學生提問的表情，是認真求知，還是為了出於不想上課、故意提難題測試老師程度，或者想接近老師、與老師互動等。唯有瞭解學生提問的動機，才能觀其心、輔其行。

3. 善用周遭資源以更瞭解學生

初任老師即時處理之後，可求助班級導師、學習共同體中班上其他專任老師，甚至是家長，更透過不斷觀察、詢問、評估，準確診斷學生行為。爾後在擬定教學計畫或面對個案學生的行為時，當能更有效的教學及輔導，切中核心，與學生形成良好的師生互動。

透過上述步驟，不僅可以安撫個案，促進其學習，更能帶動全班團體求學與求知氛圍，型塑良好的學習環境。

案例 3-3

爲什麼都是我？

關鍵詞：特殊學生輔導、同儕關係

一、夥伴教師的情境敘述

上週的藝能課，夥伴教師班上的科任老師要學生分組進行活動。陪伴自閉症孩子大星的小剛，恰巧分到同一組，小剛在座位上準備活動所需的物品，大星不知道什麼原因，突然大聲說不要和小剛同組，四、五個男生在旁邊七嘴八舌說著「吼～小剛不要再給大星壓力了」、「幹嘛一直碎碎唸」、「一定又是你說了什麼，大星才會這樣」。小剛大聲辯駁「我又沒有說什麼，我也不知道為什麼他會這樣」，但不但沒平息，其他女生還再加入助陣，說「哎唷～一定是你啦！大星來，別理他！」因為上課時間有限，任課教師未能即時處理，下課後小剛哭著跑來找夥伴教師，哭訴為什麼大星的事都歸咎他，夥伴教師當下只能給予安慰，並承諾會利用班會時間處理。

大星是國中部升上來的學生，安排到夥伴教師的班級時，夥伴教師有點坐立難安。在班上找陪伴大星的孩子時，小剛主動表示要協助，大星也信賴並依賴他，而其他同學也習慣這樣的模式。夥伴教師也慢慢引導班上學生多和大星說話，並要有良好的眼神接觸（心理醫師的建議）。

在家長方面，大星的母親雖然瞭解他的狀況，但仍期望甚高，希望大星能夠具備和一般孩子相同的能力，在工作繁忙之餘，常叮嚀大星應該要做什麼，給自己很大的壓力，但大星往往無法達到她的期望。夥伴教師也只能在學校盡力予以協助。

學期開始才三分之一就發生這樣的事情，夥伴教師很頭痛，擔心找不到

第二位像小剛一樣負責又細心的孩子。想請教教學輔導教師該如何做，讓班上孩子懂得明辨是非，能體諒他人陪伴的艱辛，也能夠幫助大星成長。

二、關鍵人物相關背景描述

1. 夥伴教師是歷史老師兼導師，有二十年教學經驗。第二次接觸自閉症學生，但兩生的狀況不同。

2. 該事件發生在藝能課分組時，小剛和大星恰巧抽籤分在同一組，其他學生對小剛似乎不友善。

3. 小剛的個性熱心，富責任感、正義感，但也直言直語，與班上同學在互動上可能已有小摩擦。

三、關鍵問題

針對此次事件，夥伴教師該如何對班上進行後續輔導？

四、教學輔導教師的建議和協助

夥伴教師是位認真又熱心的老師，當小剛找她哭訴上課時所受的委屈，建議她可以採取的處置如下：

1. 釐清班上孩子衝突的原因

小剛是陪伴大星的主責同學，因此大星的一舉一動會讓其他同學直接聯想與小剛有關。再者，大星信賴小剛並習慣有他的協助，也可能容易對小剛發洩情緒。導師可以先針對衝突原因進行瞭解。

2. 先找小剛談話，同理他的感受

小剛不知道大星為什麼莫名其妙對他發脾氣，導師可告知這是因為大星信賴你，把你當成家人，也瞭解你會默默承受他的情緒，不會發脾氣，而其他同學則因為你是主責同學，把大星看成是你的責任，因此大星的種種行為都會牽扯到你，藉此讓小剛瞭解多數人可能會有的觀點。也提醒小剛勿將大星的種種歸咎於自己，以免自己承受不住。

3. 重申請小剛陪伴的緣由並加強學生的同理心

導師可利用班會時間，回顧當初尋找大星的陪伴者時，小剛主動表示願意協助的情形，公開讚美小剛勇於承擔責任，熱心協助同學。另外，並和學生討論「如何幫助自閉症的同學？若自己是主責陪伴者能做得更好嗎？」的問題，引導學生將心比心。

導師在班上尋求陪伴照顧者，除了協助導師，訓練學生如何陪伴與照顧特殊需求的同學之外，目的也在體會陪伴或照顧的壓力。如今小剛受到同儕與大星的壓力，有意卸除陪伴責任，或許可以徵詢班上學生是否願意用輪流方式，讓大家都有機會照顧與陪伴大星，以瞭解小剛的內心感受。

導師需要教導班上同學與大星的溝通互動技巧，例如：說話要看著對方的眼睛，多次重複指令，讓大星能夠有效接收訊息等。此外，導師也要讓大星知道大家的幫助並非理所當然，要學習獨立自主。因此，要叮嚀大星自己動手完成簡單的操作，慢慢適應學校生活，增進人際互動表現。

五、事件結果或心得感想

1. 幫助特殊孩子的同時，也要同理主責同學的負擔。若主責同學真的無法負荷沉重的壓力時，必須先想好配套措施，例如：改由兩到三位學生同時或輪流負責照顧。

2. 尋求相關資源協助，與輔導室輔導組聯繫，瞭解該生從國中至高中的發展歷程。另外，向高中諮商室輔導老師學習自閉症孩子的輔導陪伴技巧，除了充實自我，也能幫助班上學生在陪伴與照顧大星時更能上手。

◆ 案例回饋

回饋 (一)

在本案例中，可以看到有四個待解決的問題，應針對這些問題分別尋求對策：

1. 教師對自閉症瞭解不足所帶來的焦慮

教師的焦慮是主要來自於自閉生輔導經驗的不足。如同教學輔導教師所言，輔導室是老師可以利用的資源，尤其特教組能提供專業建議、陪伴技

巧，教師應多加利用與請教。或者也可以請輔導室增加對大星的輔導次數，幫助大星適應班級生活，也能減少班級學生間的衝突。

2. 大星生氣背後的原因

教學輔導教師給予的建議十分中肯。在這樣的案例中，通常特殊學生會過度依賴負責同學，也可能會亂發脾氣，在詢問原因後給予適當的開導是極佳的方法。自閉症學生需要成人有更大的耐心與聆聽，導師應多花些時間和大星解釋，說服他並使他釋懷。

3. 分攤責任並對全班進行輔導

小剛被老師視為負責任且能細心照料大星的唯一人選，但是小剛畢竟是學生，不見得能完善處理每一個偶發事件。因此如同教學輔導教師所說，應在事前想好配套措施，最好多找幾位學生分攤協助的責任，並找機會口頭公開鼓勵這些熱心的學生，正向強化學生助人的善意，讓全班學生瞭解助人其實並不像表面所見的一般簡單，以避免在衝突發生時，讓協助者備受指責而感到萬分委屈。同時也藉此讓大星習慣與不同的人相處，不會固定依賴某單一同學。

4. 家長期待與學生表現之間的落差

自閉症學生的家長對於孩子教養態度的類型，第一種是希望孩子能與一般學生無異，嘗試融入團體生活；第二種是尊重孩子的發展，讓他呈現個別特殊之處，習慣人我之間的不同；最後一種則是因教養無力而採放縱態度，這樣的孩子常會認定同儕幫助是應該的，有時甚至會利用自身的特殊性而懈怠學習（註1）。

本案例的母親屬於第一種類型，因此不僅個案學生需要被輔導，其實父母親也需要被輔導、甚至被教導相關的知識，才能減少家庭內部的衝突，進而幫助父母親真正接納孩子「不同於人」的事實，也真的需要更多時間才能融入團體，才不會一直凸顯期待與實際之間的落差，也抹煞大星或許慢慢進步的事實。此時導師扮演十分重要的角色，個案中的導師雖然僅有一次輔導

註1 學校期初通常會經由IEP會議討論身心障礙學生的學期及格成績，通常會設定在40～60分的區間，身心障礙學生也會因此知道自己的成績標準與同學不同。

自閉生的經驗，但可藉由二十年教學經驗的敏銳度，和大星母親聯絡談話，以便瞭解大星的個性、母親的期待，經由討論而尊重與包容自閉生的「特別」，挖掘該生其他優點，選擇出最適合大星的教養方式，愛裡有包容，而不是過分期待自閉症孩子儘快達到「與人相同」的能力。衝突往往源自於不瞭解，老師是學習路上母親與學生之間的橋梁，適當的建議一定能慢慢讓家長改觀。

回饋 (二)

教師面對特殊學生的教學與輔導，需要班級中其他學生的協助，也需要學校教學與行政團隊的支援，除教學輔導教師的建議之外，還可以採取以下幾點做法：

1. 和大星面談，明白他的觀點，並讓他瞭解小剛的付出和關懷

對於事件成因的釐清，老師除了詢問小剛和班上其他學生外，更需要和當事人大星面談，探究當時大星不想和小剛同組的原因。此外，因為大星平時就很依賴小剛，老師可以舉出在日常生活中小剛照顧和關懷大星的事例，引導大星瞭解小剛的辛苦和付出，讓大星產生感恩之心。

2. 增派協助學生，增加大星和同學互動的機會

小剛是大星的主要協助者，其他學生也都認為照顧大星是小剛的責任，無形中讓小剛承擔了所有的壓力。建議可以多找幾位學生，或採用分科小老師的方式，來擔任大星的小天使。或是技巧性的安排座位，在大星座位旁邊安排較溫和、較具有同理心的學生協助照顧，如此除了能分散責任與壓力，更可以增加大星和其他同學互動的機會。

3. 尋求外部資源的協助

班上若出現特殊生與一般生適應不良的狀況，導師可以請輔導室及特教老師協助處理。輔導室可以對班上學生進行團體輔導，讓一般生明瞭特殊生的狀況以及他們可能會產生的行為，並教導平日相處之道。另外，特殊生的狀況不同，需要的輔導技巧也會有所差異，導師可以和特教組保持密切聯繫，在遇到難以解決的問題時，請特教組協助處理。

回饋 (三)

教師面對這類問題時,可以從溝通技巧、輔導資源、親師合作等面向著手,以下提供一些建議與做法:

1. 有效的溝通技巧

教學輔導老師對夥伴教師的建議相當中肯且切合實際需求。教學輔導老師提及對大星說話時要「看著對方的眼睛,多次重複指令」,這確實是讓大星接收訊息必要的方法。此外,如果和大星的關係較好時,也可以再多加些適當的肢體接觸,如此將更能讓大星清楚接收到訊息,有助於人際溝通與互動。

2. 陪伴同學的擔任方式

教學輔導老師提及「幫助特殊孩子的同時,也需同理到主責同學的負擔」,以及「徵詢班上學生是否願意用輪流方式,讓大家都有機會照顧與陪伴大星,以瞭解小剛的內心感受」。的確,小剛同學雖然認真負責且勇於承擔,但其仍處於身心尚在發展的階段,且班上學生的心智理解能力與控制力亦有待加強,因此如果將照顧特殊生的責任加諸在一位學生身上,這位學生除了必須擔負自己與特殊生的責任外,還必須承受老師與班上同學施予的壓力,如此沉重的負荷實在難以承擔,屆時不僅將為雙方帶來困擾,甚至可能招致家長的抱怨,使問題更加棘手。因此,夥伴教師不宜將過多的責任加諸在學生身上,尤其是一位學生身上。

建議夥伴教師將主責同學的責任定位在協助導師與關心陪伴特殊生上,其主要工作在陪伴特殊生完成簡單操作,協助導師瞭解其他課堂的要求,以利導師能清楚輔導特殊生,並請特殊生家長協助。當特殊生有不當行為時,也該請主責同學告知導師而不須強制勸阻,讓導師來處理並輔導特殊生。更甚者,導師僅需賦予主責同學兩、三個陪伴的重點即可,其他協助與指導的責任仍須由導師和任教老師擔負,同時也讓特殊生知道自己也要擔負起責任,不能太過倚賴同學。

同時,學習體貼、陪伴與體諒特殊生是班上每位學生都必須學習的課題,因此夥伴教師可以將全班學生進行分組,讓每位學生都有陪伴特殊生的機會與責任。若擔心不是每位學生都能確實盡到責任,那麼也可以在各組中

再找出組長來關懷與協助組員。如此讓全班學生一起參與，那麼陪伴特殊生便不再是主責同學的壓力，而且能讓每位學生學習到與特殊生相處的模式，學生間也能因此相互同理而學習到體貼與體諒。

3. 善用輔導與特教資源

近年來，特教生已有相當豐富的資源支援系統，教學輔導老師提到可以「尋求相關資源協助，與輔導室輔導組聯繫」，這是相當值得肯定的做法。夥伴教師除了與輔導室輔導組聯繫，瞭解大星從國中到高中的發展歷程外，還可以詢問國、高中的特教個案管理老師，因為這些特教個案管理老師與該生相處最久，最瞭解該生的狀況與該注意的事項。遇到問題時多方向特教個案管理老師或輔導老師討論請益，同時也委請他們適時提供協助，如此導師也能釋放壓力，而不必將壓力集中在自己身上。

其次，在事件發生時，夥伴教師除了與小剛談話、同理其感受外，也必須找班上學生以及大星談話，如此才更能瞭解班上學生和大星真正的想法。如果大星是因為無法達到小剛較高的要求而備感壓力，因此不願與小剛同一組，夥伴教師亦可以委請特教個案管理老師進行評估，針對大星比較需要的科目申請陪讀資源，讓專業的陪讀老師來輔助大星，如此不但更能有效協助大星，同時也避免主責同學或導師不堪負荷。

再者，所謂「預防甚於治療」，夥伴教師在讓全班一起參與照顧特殊生前，亦可委請特教個案管理老師與輔導老師利用輔導課針對全班進行輔導，說明自閉症的症狀與情況外，甚至可請特教個案管理老師扮演大星，請輔導老師扮演主責同學，藉由實際演示讓全班學生更明白如何與大星溝通與相處。之後，導師再利用班會時間和學生討論「如何幫助自閉症的同學？若自己是主責陪伴者能做得更好嗎？」相信經過輔導老師和特教個案管理老師的指導，以及學生間的討論分享後，學生未來在關心、陪伴大星時將更能恰如其分，彼此間也將更具同理心與體諒心。但在此之前，導師也必須先與家長聯絡，一方面告知學校將輔導學生幫助大星，一方面尊重家長的期望，以及瞭解是否有需要特別注意之處，讓家長感受到老師和同學盡力幫助大星更加融入班級以及提升課業的誠意。

4. 協助家長成長技巧

夥伴教師提及「……母親雖然瞭解他的狀況，但仍期望甚高，希望大星能夠具備和一般孩子相同的能力，在工作繁忙之餘，常叮嚀大星應該要做什麼……」，可見身為大星主要照顧者的母親因為對大星抱持過高的期待，無形之中給予自己和大星過多的壓力。因此，除了夥伴教師和班上學生的成長外，家長也要能一同成長，才能更有效的協助大星。因為家長工作繁忙，又已是成年人，僅能建議夥伴教師主動邀請家長參與學校舉辦的「校內親職講座」，或者進入家庭教育中心網站，尋找與自閉症相關的父母親成長小團體相關訊息，將這些訊息黏貼在聯絡簿上，期待大星的母親有空時能主動前往參加。

5. 協助小剛自我修正

夥伴教師說小剛極具熱心與正義感，夥伴教師在班上找尋大星的陪伴者時，小剛主動願意協助，而當大星大聲說不要和小剛同組時，男同學皆七嘴八舌的說小剛不要再給大星壓力、不要再碎碎唸，女生也指出一定是小剛的問題，要大星別理他，可見小剛可能常常熱心過頭，且常以言語要求大星，導致同學已對小剛這些行為有所不滿，剛好藉此機會表現出來，此次事件只是冰山一角。建議夥伴教師給予小剛這方面的輔導，教導其熱心要恰到好處，並學習說話委婉而不傷人的技巧，甚至有時要懂得忍住不說，幫助小剛改善人際關係，從根本解決問題。

教育工作必須教訓輔三方面密切結合，才能有效輔導學生，改善學生的偏差行為，或者滿足特殊學生的需求。當導師面臨問題時，不需將所有責任都攬在自己身上，單打獨鬥容易讓自己遍體鱗傷，應該適時尋求學務與輔導的協助。尤其是在處理特殊生的事情時，若能有效善用輔導與特教相關資源，大家一起協助自己與班上學生成長，才能收到事半功倍的效果。

案例 3-4

讓大目老師望穿秋水的作業

關鍵詞：作業繳交、課業輔導、親師溝通、同儕關係

一、夥伴教師的情境敘述

大目老師擔任七年級新生導師，開學之初已透過家庭聯絡本簡介學校常規與國中生活的實況，希冀家長與學生都能及早認識國中學習生活與國小的差異，並做好準備。

班上有一位阿布同學，自開學以來作業繳交狀況十分不理想。入學的新生智力測驗結果顯示，阿布資質正常並沒有智力不足之困惱，但舉凡國文、英文、數學、自然、歷史、地理、公民等科目的習作，外加美術、音樂、健教、表演藝術、輔導等科任教師指定的作業，阿布經常都是未寫、未帶、遲交、缺交，不但造成任課教師作業批改的延宕，負責催繳作業的各科小老師也向導師反映阿布已造成班級整體繳交作業的困擾，黑板角落記錄各科作業缺交者的號碼，往往都是阿布的號碼。

這樣的行為也使阿布成為同學側目的對象。全班同學認為阿布是個極度偷懶、怠惰，而且是個會謊稱已經完成作業、卻遲遲交不出的人，阿布與班上同學的人際關係出現了裂痕。

各科任課教師提醒阿布會以扣分、記警告、罰抄、上課罰站等方式懲處，但大目老師希望採取正向、鼓勵與引導方式激勵阿布完成作業，因此除要求阿布利用下課或午休時間補寫作業之外，還安排幾位學生給予協助指導，也多次利用家庭聯絡本給予學生鼓勵、打氣，並尋求家長的協助與家庭的督導，但還是改善不了阿布作業遲交、缺交的問題。

二、關鍵人物相關背景描述

1. 自國小以來，阿布作業缺交的問題就非常嚴重。進入國中生活，阿布作業缺交的問題依舊。

2. 阿布昔日的國小老師係採取加重罰抄作業的方式懲處阿布，但依舊無法遏止其作業缺交的問題。

3. 因作業常常缺交，國小以來，阿布早已成為同學恥笑的對象。

4. 阿布的父母皆有高職學歷，也重視阿布的學校作業、學習狀況、學習成績、品格操行等表現。但一提到阿布作業缺交的問題，母親也非常無奈地表示雖然常常叮嚀他、督促他完成作業，但效果很有限。

5. 目前國中同學因阿布作業缺交，出現排斥阿布的現象，影響他在班級內的人緣。尤其是童軍、家政等涉及合作學習或需要分組完成作業的課程，同學更不喜歡跟他同組，害怕被他拖累，導致作業無法順利完成。

三、關鍵問題

如何協助阿布解決作業嚴重缺交的問題？

四、教學輔導教師的建議和協助

1. 冰凍三尺絕非一日之寒，阿布自國小以來即有作業缺交問題，所以請大目老師不必獨攬責任，應該與家長一起努力，並結合班級同儕的力量去協助阿布。此外，各科教師也有督促任教班級學生學習之責，可請各科教師各自採取不同方式來要求阿布完成作業。

2. 阿布自國小以來到現在就讀國中，作業缺交問題仍無法改善，可轉介到輔導室，請輔導老師針對阿布的狀況進行專業的諮商輔導。

五、事件結果或心得感想

1. 阿布作業缺交問題依舊存在，但因為大目老師持之以恆地關心其作業完成狀況，安排幾位熱心的同學協助阿布，以及透過家庭聯絡本與家長密切聯繫，至少讓阿布能補寫、補交，彌補作業缺交問題。

2. 大目老師充滿耐心與教育愛，能關懷阿布作業完成狀況，讓教學輔

導教師也非常感佩。教學輔導教師遇到此類學生往往也是採取扣分、記過、罰抄、罰站等懲罰式手段去改正此類學生，但這些方式真的適用於阿布嗎？還是流於形式上的懲罰，並無法觸動其內心，感動阿布改變其行為。所以大目老師對阿布的輔導風格，也讓教學輔導教師進行自我省思。

◆ 案例回饋

回饋 (一)

　　大目老師真是有心人，如果找到對的方法，更有機會成為阿布的貴人，翻轉阿布的人生。教育職場常讓人癡情等待與認真耕耘，就是因為常有機會可以看見愛與仁慈的故事。關於大目老師與阿布互動的故事，筆者想分享幾點心得：

　　1. 杜漸防微，及早協助阿布建立自我規範的行為

　　中學生學習動機持續下滑，學習表現落差擴大，是多年來政府與民間積極關切的教育議題。資料顯示，中輟青少年的犯罪率是正常在學青少年的32倍（法務部，2013）；中學中輟比例是小學的8.3倍，而造成中輟的個人因素中，作息是否規律一直是最重要的原因（教育部，2015）。大目老師願意在阿布甫入中學之際，就不厭其煩處理規範與紀律問題，是幫助阿布成為適應良好中學生不可或缺的條件。這種不計代價、堅守教師職責的理念，值得肯定與效法。

　　2. 清楚說明遵守規範的理由

　　教師可配合中學生的身心發展特色，以溫和的語氣、堅定的態度，與阿布懇談不遵守規範的自然後果或邏輯後果；同時引導其同理不守規範的行為，對教師或同學所造成的傷害與困擾。

　　3. 鼓勵教室建立利他態度與促進道德行為的發展

　　隨著年歲增長，青少年越來越有機會表現成熟的角色取替能力，但這些利社會行為並非一蹴可幾。阿布長久以來對學習不熱衷的敷衍行為，不僅影響其個人學涯發展與人際關係，也會對教師教學與班級管理造成負面影響。但若由教師一人獨自承擔，會耗費大量心力，效果亦難以彰顯。因此建議大目老師可因勢利導，除了公平處理教室衝突問題外，更重要的是，利用學生

觀點轉換能力越加成熟、處事越加有彈性的身心發展特質，鼓勵學生表現利他行為，努力瞭解阿布想被團體接納、同儕認同的強烈渴望，以及現階段的困難，師生共同創造安全信賴的教室氛圍，藉由同儕互助與人際交流的力量，全面幫助阿布發展正向的行為。在幫助阿布的同時，學生同儕的道德認知也有機會向上提升。

4. 真誠認識學生的背景因素

處理規範議題不能忽略背景因素與文化差異。人是趨吉避凶的動物，阿布長期忍受同儕異樣的眼光、不交作業的羞辱、說謊的壓力、偷懶的歧視，可能有其無力改變的歷史因素。建議大目老師可與家長懇談，瞭解阿布作業嚴重缺交的背景因素，以及家長的觀點，並慎重表達對此事的關注。有時候不被讚許的行為，背後可能源自於特殊的動機，例如：為了保護自尊，不想被評價，因此乾脆不努力、不交作業；抑或是因為完美主義的自我要求，恐懼面對失敗，或者家長不容許失誤的嚴厲管教等，都極可能造成阿布出現自我跛足的防衛性動機行為。因此大目老師在親師溝通時，可以訴諸專業與誠意，邀請家長共同合作，幫助阿布經營學習有力、生活有勁的青春歲月！

參考文獻

法務部（2013）。101年少年兒童犯罪概況及其分析。取自https://www.moj.gov.tw/ct.asp？xItem=348004&ctNode=25809&mp=001

教育部國民及學前教育署（2015）。國中小中輟學生人數（原始數據）。取自http://stats.moe.gov.tw/files/time/out.htm

回饋（二）

大目老師面對學生的態度是那麼的有耐心，而且堅定的要求學生（不寫作業的孩子最怕遇到很溫柔又很堅持的老師），也找到相當不錯的方法來改善不交作業的問題，值得高度肯定。

多數老師在教書生涯中難免碰到幾個「頑強」不交作業的學生。遇到這樣的學生，建議可以從幾個角度切進問題核心。首先，老師可以善用國小的輔導紀錄，瞭解學生在國小的學習狀況，是否有類似的缺交行為？老師的

處理方式為何？效果又如何？這樣可以縮短老師摸索這個學生人格特質的時間，也可以避免重蹈過去的覆轍。不過，老師仍需自己獨立判斷，畢竟過去的輔導紀錄終究不是自己的觀察，老師要避免先入為主，才能客觀並有效地解決問題。

其次則是要瞭解學生在家中的時間安排。通常學生不寫功課的關鍵所在，是課餘時間安排不當，他們把時間都用在別的地方，例如：上網、玩手機、看電視、打工或和朋友閒晃。如何讓學生把寫作業的時間「勻」出來，則需要孩子和父母親共同努力。因此，接下來要探討父母親的管教方式。

孩子不寫功課，家長這第一道防線可能就出了問題。父母親是如何處置孩子的不當行為？處置的方法為何？有沒有效果？態度夠不夠堅定？這些都環環相扣。因此教師如何和父母親溝通，並如何成功使父母親擔起監督子女寫功課的責任，例如：每天花一定的時間陪在孩子身邊指導、陪伴其寫功課，也非常重要。

再者，應該重建學生對自己的期望。很多學生不寫功課是因為過去屢屢遭受打擊而已經放棄了自己。建議老師可以讓這類學生擔任某些能力可以負荷的工作或職務，在擔任的過程中，老師和同學不斷地給予正面肯定與增強，讓學生不再覺得自己是一種不受歡迎的累贅，重建學生對自己的評價和期望。只要學生內心充滿正面的能量，他的行為自然就會往正面且積極的方向靠攏。

最後，則是老師的心態。學生不寫功課是一種長期、負面累積的結果，這不是老師該「獨攬」的責任，老師能做的是溫柔的陪伴和支持，終究解決問題的關鍵還是落在學生身上。如何喚醒學生對自己的期望，需要長期的投資與關注，而老師則需讓自己擁有無比的耐心與智慧，畢竟人格的型塑並非一蹴可幾。老師的志業就如農夫種植作物，除了勤奮還得按耐住焦急，等待時間緩緩的催化，切忌揠苗助長。

回饋 (三)

案例描述中看不到阿布的內心想法，無法瞭解阿布缺交作業的真正原因。很多偏差行為其實只是在發出某種訊號，像阿布這樣的孩子也許內心極期待能遇到一位理解他的大人。但從報告中看到國小缺交作業是被錯誤的方

式處理，加重作業量的做法反倒讓阿布完成作業的難度提高，而學習環境同儕的嘲笑、側目，更加劇阿布對於作業繳交的恐懼。而阿布的家庭對阿布未能繳交作業是否給予更負向的處理，也沒有明確的說明。但總結來看，阿布在完成作業方面極度缺乏成就感，也充滿巨大的挫折感。

　　要改善作業繳交狀況，第一步為建立自信心。建立自信心的具體做法，其一是請任課老師把各科目作業設計得更多元，甚至針對阿布客製化，只要阿布願意努力，每完成一步就給予正增強，真心肯定他的每一次改變。配合作業客製化，也可以先讓阿布的作業量減半再減半，並協助阿布將作業的先後順序排出來，讓他有機會一步一步、循序漸進的完成指派作業，降低他對完成作業的恐懼。

　　其二是找有耐心的適當同學陪伴，作業陪伴是在學校協助阿布試著獨立完成，而非教他每一步驟來完成作業。若阿布在學校可以自己完成，回家後也一定可以自己完成作業。而在陪伴過程中，也能讓協助同學理解、同理阿布的困境，提升同儕團體對阿布的觀感。

　　前述做法可以透過每次的正向增強，讓師生互動關係加溫，降低阿布對教師威權的恐懼。相信當不斷受到關愛、重視、肯定、鼓勵和讚美時，任何有困難的學生都會慢慢回復正向的行為。

　　如果阿布有注意力不集中的狀況，則需要嘗試建立專注、休息一緊一縮的時間分配，慢慢訓練他累積專注的時間，改善阿布分神坐不住的狀況。這部分可能需要更專業的人員耐心協助阿布改善。

　　當阿布建立一些自信心後，開始賦予他責任。相信學生有能力負起責任，將能提升學生的自尊。如果在過程中稍有不順，老師要能以正向的、堅定的態度，慢慢的導正阿布的行為，讓阿布瞭解他所做的任何努力都是一種成就，每個錯誤或失敗都是學習的機會、自我成長的契機。在過程中，老師要關懷阿布的自尊，以引導他做更大的努力，避免對阿布有批評、羞辱、責罵、貶抑的行為，以免阿布退化為過去那個不交作業的自己。先前阿布的欺騙、撒謊行為，也許是意圖轉移焦點，或讓老師更加生氣而放棄、停止責罵的方法。老師要讓阿布瞭解，說謊其實只會繼續傷害自己以及關心他的人。要讓阿布反省的不是缺交作業，而是說謊、欺騙會有什麼更嚴重的後果，讓他理解欺騙並不能解決問題，無法藉由說謊逃避該背負的責任。

在親師合作方面，需要與家長有更緊密的連絡，並請求家長協助，隨時追蹤阿布在家裡包含時間分配、作息或交友的狀況。要建議家長有效掌握並改善阿布的作息時間，讓阿布體認時間分配與完成作業的相關性。其實很多家長在教育孩子時，也是非常惶恐不安，也是邊做邊學。像阿布的家長面對阿布的狀況，經歷了很多挫敗，有時也不得不投降。所以親師聯繫溝通時，一定要鼓勵再鼓勵，最安全的做法是先肯定家長的付出與阿布的改變，先說阿布的優點，然後再提供有關阿布作業的改善意見。否則家長一接電話，直覺就是阿布又缺交作業等負面消息，心生防備，很多話都聽不進去了。若能與家長建立信賴關係，做什麼都較能事半功倍。我們要讓家長知道，在教育孩子的路上，他們並不是孤軍奮戰，老師將是他們的最佳戰友。

案例中僅提及阿布在國小就有作業缺交狀況，不知道是否曾接受專業的醫療診斷？有些特教生往往在小學就會有明確的外顯行為，需要就醫進行測驗，以確認是否為特教生。若阿布的作業繳交狀況不見改善，也許應建議家長帶阿布去心智科做診斷。當教師和其他的人已做了最大的努力，但問題仍持續存在時，我們真的需要向外求助。

面對個案，老師要相信孩子不是不願意學習，而是看不見未來、沒有具體的行動力。只要我們提供足夠的資訊，幫助他分析事情，孩子多少會懂得為自己打算的。任何生命都有趨向美好的本能，沒有人不想要成功，沒有人不想受到重視。深入去瞭解孩子，點出其在意的部分，才能夠幫助他。老師要引導孩子願意為自己努力，激發他的潛力，教會他們要有耐心且不斷反省修正，自然能夠摸索出自己的一片天。

案例 3-5

特教老師入班宣導頭一遭

關鍵詞：特殊學生輔導、妥瑞氏症、自閉症、入班宣導

一、夥伴教師的情境敘述

資源班特教教師除了教學外，最主要的工作內容就是「個案管理」。要和班級導師與家長一同合作，協助學生適應普通班級的生活、人際與學習。本校資源班的一位教師，大約要負責十二位各式各樣的特殊學生。夥伴老師小美今年第一次帶自閉症兼妥瑞氏症的七年級學生阿佑，對她來說，接這個個案是一大挑戰。

從阿佑國小的資料可以發現，無論是學習或生活，阿佑都有很多的問題，例如：喜歡一直不斷提問相同的問題，就算是有人回答了，他還是會一直不斷的問，導致同學覺得很煩，認為「我剛剛不是回答你了嗎？怎麼又去問別人，這樣不就是不相信我……」，也因此日後就不太想回答他，甚至分組時也不喜歡跟他同組。對於校規或班規，阿佑會百分之百的遵從，因此導致僵化、焦慮及影響生活，例如：午休時間想要上廁所，因為學校規定午休時間不准在走廊上走動，因此即使老師同意，他也不敢前往，堅持一定要老師陪伴才敢去，即使有老師陪伴，看到生教組長在前方，就會貼著牆壁走路，以避免被看到。

此外，阿佑患有妥瑞氏症，會出現搖頭、聳肩與發出怪聲等症狀。目前家長不介意同學知道他患有妥瑞氏症，甚至主動要求老師入班宣導，讓同學知道他的狀況，但卻又不希望讓同學知道他同時患有自閉症。

由於他是剛升國中的新生，該班導師希望小美老師能入班宣導，但小美

老師沒有入班宣導的經驗，家長又不願意讓同學知道阿佑患有自閉症，因此想與教學輔導教師討論該如何進行。

二、關鍵人物相關背景描述

有關阿佑的家庭與發展史，以及他的情緒與人際行為概況，分述如下：

1. 阿佑的家庭與發展史

(1) 父母親瞭解該生的狀況，並很能接納。

(2) 兩歲半就發現沒有眼神的接觸，不喜歡被抱，所以就醫接受早療。

(3) 進入幼稚園之後，老師發現該生跟老師與同學皆無法有眼神接觸，會直視辦公室的電腦，然後就去按關機鍵，之後變成其固著行為。大班時發現有妥瑞氏症，其症狀為混合型，會輪流出現搖頭、聳肩與不當聲音。

(4) 喜歡看輪子轉、電風扇轉，會持續地觀看風扇轉，甚至在廁所都會如此。在幾年之後才發現，他其實是害怕輪子飛出來或是電風扇從天上掉下來。

(5) 三、四歲時很喜歡到動物園，但是到動物園不是去看動物，而是去看水滴滴下來。

2. 阿佑的情緒與人際行為

(1) 平時情緒穩定，情境轉換或是所排定的時程有所改變時會出現情緒反應。須變動時最好事先告知，給予緩衝和適應時間。

(2) 有挫折時偶爾會遷怒周圍的人，通常是在想有好表現卻做不到時才會生氣。老師需要瞭解其生氣的原因，再指導正確表達情緒的方式。接受自己也是有負向情緒，並使用適當方式來發洩的能力還在學習中。

(3) 很怕老師嚴厲或凶的態度，就算不是真的凶，他也會害怕。

(4) 上課時會搖頭晃腦，有時候還會哼歌。寫紙筆測驗，他會因此中斷答題。

(5) 進行紙筆測驗時會堅持一定要寫完才可以進行下一個工作，所以考試時間通常會拖得很長，不寫完會一直處在焦慮的情緒當中。

(6) 會重複不斷的確定指令，兩分鐘前的指令，兩分鐘之後就會再確認一遍。遇到不會的問題或習題，會不斷詢問怎麼辦，下課或放學會到辦公室詢問任課老師重複性的問題。

(7) 喜歡提問，想問的事情會一直問，連問數個問題，而這些問題常跟課程無關，是個案突然想到的議題。

三、關鍵問題

針對阿佑在班級的生活、人際與學習，主要有以下的問題：

1. 如何讓班級同學瞭解該生的特質，並與他和睦相處？
2. 如何教導他瞭解他人的觀點，並表現合適的社會行為？
3. 如何鼓勵他展現正向的行為？

四、教學輔導教師的建議和協助

有關協助阿佑適應班級的生活、人際與學習，教師可以採取的做法包括以下幾項：

1. 入班宣導

教學輔導教師提供這幾年入班宣導的相關案例檔案給予小美老師參考，包含PPT檔案及入班宣導後的學生回饋表，並提醒需與家長、學生、導師達成共識（包含進行宣導的內容與時間、該生及家長要不要在現場、誰來進行宣導較為合適），方能入班宣導。並建議小美老師先以妥瑞氏症為主題入班宣導，因為這個部分為顯而易見的症狀，也是家長與學生認為需要宣導之處。由於阿佑是七年級新生，建議慢慢與家長及學生建立較信任的合作關係後，再視情況進行自閉症相關特質的宣導（可只針對特質做說明，而不提及自閉症的病名，這樣家長較能接受）。

2. 社會性故事（social stories）教導

「社會性故事」是專門為個別的自閉症學生設計的短故事。因為他們對於解讀社會線索、理解別人的想法有顯著的困難，且大部分屬於視覺學習優勢者，所以社會性故事就是利用大量的視覺材料，來引導自閉症學生解讀社會訊息的一種教導策略。

　　教學輔導教師建議小美老師可以依據若干原則，針對阿佑撰寫社會性故事，包含特有的四種基本句型（描述句、觀點句、指導句、肯定句），兩種附加句型（控制句、合作句），以及這些句型的適當出現比例。透過這些設計的句型與比例，才能對自閉症學生產生最大的成效。

3. 行為契約與個別增強系統

　　小美老師考慮使用個別的增強系統來鼓勵阿佑的正向行為，但表示找不到鼓勵的增強物，因為阿佑不但對於具體的獎品或食物沒有興趣，一般生或特殊生通常都喜歡的額外遊戲或活動時間，對他來說更是沒有吸引力。

　　教學輔導教師在與小美老師討論的過程中發現，阿佑很需要被傾聽，因此建議小美老師除了每週固定與他個別晤談的時間外，可將「聊天分享時間」列為增強系統中的額外「獎品」。

　　此外，翻閱學生的國小資料發現，阿佑在國小資源班就喜歡蓋章、集點，但不喜歡兌換蒐集到的點數，儘管已經累積到2000多點，但是都不兌換，他說他只要蓋章就好。因此，推測阿佑光是從蓋章本身就可以得到增強（這是件好事），小美老師也許無需苦惱沒有合適的增強物，因為蓋章本身就是一個很好的增強。

五、事件結果或心得感想

1. 入班宣導

　　小美老師與家長、導師、學生討論過後，先以妥瑞氏症的特質進行入班宣導。入班宣導時阿佑不進班，安排他到輔導室看書。主講者為小美老師，導師為協同者。教學輔導教師因為要提供相關的資料，特地將歷年來入班宣導資料的電子檔彙整，才發現原來自己過去也做了這麼多事情，也很感謝特教組的其他夥伴提供他們的入班宣導資料。大家的資料聚集在一起，將來有需要的時候，就可以拿來參考、獲得靈感，再修成自己個案需要的內容。

2. 社會性故事

　　撰寫個別化的社會性故事，是教學輔導教師針對適應較困難的自閉症學生所使用的策略。透過這次協助小美老師的歷程，也一起搜尋最新的專業知識，除了過去所知道及運用的四種基本句型，還因此額外學到社會性故事創

始者Carol Gray在近幾年發展出來新的兩種附加句型，用以強化社會性故事的效果。透過協助小美老師的歷程，教學輔導老師也獲得成長。

教學輔導老師認為很值得學習的是控制句的撰寫。控制句通常反映兒童的個人興趣，或他喜愛的寫作方式。例如：小明是一個九歲的昆蟲專家，每次別人說：「我改變主意了！」他就覺得很生氣。在讀了和這有關的社會性故事後，他發展出這樣的句子：「當有些人說：『我改變主意了！』我可以想成：『這主意也許會更好，就像一隻毛毛蟲蛻變成為蝴蝶一樣。』」

3. 增強系統

自閉症學生的增強物，除了原級增強物之外，部分自閉症學生對於空格與表格有想把它填滿的強烈傾向，透過這樣的方式也可以達到意想不到的增強效果。

◆ 案例回饋

回饋 (一)

針對阿佑在班級的生活、人際關係與學習等問題，可以再進一步思考以下幾點：

1. 小美老師如何入班宣導？

2. 應深入瞭解家長不願意讓同儕知道自閉症，卻願意說明妥瑞氏症的原因。

3. 導師應協助個管老師向學生以及學生家長說明該生自閉症的情形。

4. 透過電影《叫我第一名》，讓學生瞭解妥瑞氏症。

5. 班級導師與個管老師應思考如何運用學校系統，解決該生考試、學習與同儕關係。

6. 依規定每學期至少應有一次特教宣導（非特定性的入班宣導），可針對自閉症、妥瑞氏症等相關主題，廣泛讓全校學生瞭解並接受接納。

此外，小美老師可以先瞭解阿佑考試寫不完的原因，可能是因為阿佑在每一題題目花太長的時間，以至於考卷寫不完而引起焦慮。因此，可以教導阿佑考試策略，例如：每一題可以花多少時間思考，或先把會寫的題目寫完

等。若考卷寫不完係障礙所致，可申請特殊考場，延長考試時間。

回饋 (二)

　　從案例討論得知，小美老師面臨「帶自閉症兼妥瑞氏症的學生」及「入班宣導」兩個「沒有經驗」的問題。對於第一個問題，教學輔導教師提供「社會性故事」及「以聊天分享時間為增強物」的建議，至於「入班宣導」則分享自己的教學檔案，並建議入班時宣導的重點及優先順序，給予小美老師十分具體的支持。

　　小美老師是特教教師，在面對「自閉症兼妥瑞氏症」的學生時，有特教專業可以運用，但班級導師和七年級新生未必有心理準備。尤其是除了部分課程之外，特殊學生大部分時間與班級導師及同學在一起，因此成功的入班宣導將可幫助班級做好準備，使特殊生能在友善的環境中展開學習生活。

　　在特教學生回歸主流的歷程中，班級其他學生也在學習如何以合宜的方式與特殊生相處，導師更需在日常學習情境中亦步亦趨地指導學生接納並幫助特殊生。建議小美老師在入班宣導前與導師會談時，著重在瞭解該七年級班的班級氣氛，以及導師對於指導班級學生與該特殊生相處時在意的事項，以討論出協助班級同學與特殊生良好互動的具體操作方式，使入班宣導不僅是說明特殊生的狀況，還能達到以特教專業引領同學有方法地幫助身邊特殊生的效果。例如：除了說明阿佑會一直問相同的問題，請同學理解和接納之外，也能指導同學當阿佑一直不斷問相同問題時，可以用什麼語言回應他。

　　七年級學生其實還是孩子，面對特殊生會無所適從是可以理解的。但年輕孩子的愛心也是容易被激發的，當他們發現原來自己有能力有效回應特殊生的問題時，會比較安心，也比較願意繼續學習如何與特殊生相處。

　　此外，有特殊生的班級，任課教師若能設計以「正義」為前提的多元評量方式，取代以「公平」為原則評分標準，應可解決分組、考試等相關問題。因此，必要時，小美老師除了與導師會談外，亦可考慮向該班科任教師說明阿佑的特殊情形，使科任教師在分組或評量時有更多的參考資訊。

案例 3-6

協助學生走過喪母之痛

關鍵詞：悲傷輔導、死亡教育

一、夥伴教師的情境敘述

夥伴教師班上的小豪，課業成績中上，求知慾強，上課專注聆聽，課後喜歡與老師、同學互動，時常主動跑來與老師攀談幾句，或三五好友成群結伴嘻笑打鬧。然而偶爾也會與好朋友發生誤會衝突，容易暴怒狂罵髒話，對同學大打出手，之後又懊悔不已。久而久之，好友每回見他生氣都會自知離開，避免火上加油。

就其家庭背景得知，父母長期在外縣市工作，無法與孩子同住，小豪的主要照顧者為姑姑與奶奶，長輩們雖然都十分關愛小豪，但長期與父母親分居，想依賴父母親卻又不可得的現實，使小豪總是過分在意要好的朋友，擔心哪一天好朋友會像父母親一樣遠離他。

國二上學期開學之後，原本還算開朗的小豪明顯變得沉默寡言，神情鬱鬱寡歡，和好友吵架、暴怒、冷戰的頻率也更高了。即便多次詢問，孩子也總是回答夥伴教師：「沒事」。進一步與同住者姑姑聯繫時，姑姑透露：「孩子確實變得較安靜，假日也不像以前愛往外跑，或許與孩子母親近來身體不適有關。」夥伴教師感到姑姑有些欲言又止，但不便追問，就持續觀察小豪在校學習情況。

沒多久，傳來小豪母親因病過世的噩耗。那陣子，小豪請了不少假處理後事，夥伴教師與其父親連絡多次，共同看顧關照孩子的情緒，以免小豪太過悲傷。小豪也常在聯絡簿裡透露擔憂課業跟不上，又不想向好友透露媽媽的死訊。家事、學業、友誼多所困擾，心中的煩亂難以言喻。雖然孩子在喪

假後恢復正常上課，但仍是悒悒不樂。夥伴教師想請教的是，有時連成人都難以面對生死課題，一個才14歲的孩子又如何負荷？夥伴教師該怎麼跟孩子溝通並有效輔導呢？

二、關鍵人物相關背景描述

關於小豪的家庭和學校生活概況，說明如下：

1. 小豪個性尚稱開朗，樂於與老師、同學互動，但是容易和好友因小事爭執、暴怒。

2. 小豪與長期在外地工作的父母親分居，目前同住者為爺爺、奶奶、姑姑，家人長輩們都很關心孩子。長輩們先前不願向導師透露小豪母親生病的細節。

3. 小豪成績中上，頗在意自己的課業成績。母親驟逝後，因請喪假而缺課頗多，令他擔心跟不上同學。

三、關鍵問題

夥伴教師認為自己對於生死課題認知並不充分，缺乏撫慰失親學生的輔導知能，想瞭解如何協助小豪走過喪母的低潮情緒？

四、教學輔導教師的建議和協助

每個人的生命中都必須經歷生離死別的嚴肅課題，關於死別更是不能承受之重。不只是成人需要學習，孩子們也同樣需要被教導如何處理悲傷的情緒，進而放下悲傷，轉化為繼續向前的動力。夥伴教師是個相當溫暖、積極關心學生身心狀況的導師，建議對小豪可以有下列協助方式：

1. 關懷死亡的語言藝術

在輔導小豪的過程中，導師必須審慎使用適當的話語。語言不僅是傳遞訊息、交流思想，更是一種藝術。適當的語言才能讓學生感受到教師真實地同理，而非浮泛地搪塞。教師若能善用語言智慧，兼顧藝術技巧與心理感受層面，調整問話或關懷方式，便能幫助學生逐漸走出失親的傷痛。心理諮商師蘇絢慧（2014：223）在《請容許我悲傷》一書中提及關懷死亡的語言藝

術，建議應改變慣用話語，以有助降低悲傷者的挫折感，茲節錄如下：

慣用的話語	你可以這麼說
別難過了，逝者已矣、來者可追。	此刻的你受苦了，你失去了一位重要的親人。
別再哭了。	你可以好好地哭一場，因為你失去所愛的人。
要堅強、勇敢。	難過不表示你不堅強，你只是需要好好悼念及整理混亂的心情。
時間久了就會沒事了。	時間久了，你還是可能感受到悲傷，但別擔心，這是正常的。
人生就是如此，有得有失。	這一刻很困難，我很願意陪伴你。
不要想了。	當你想念逝者時，可以寫下來，或找個可以傾聽的人訴說。
事情很快就會過去了。	這個過程很難熬，我很心疼你的辛苦與痛苦。
若需要我，告訴我。	我會再打電話過來，看看你是否有什麼我能幫忙的。
神一定有所安排。	你一定感到痛苦與疑惑。
你趕快振作起來。	你可以依照自己的腳步調適，但盡可能保持自己飲食與睡眠的正常。

2. 陪伴減輕心靈孤單感

小豪從原本開朗的個性漸漸轉變為鬱鬱寡歡，推測是受到母親罹病的影響，心裡感到手足無措、徬徨無依。母親過世之後，悲傷的情緒不斷影響小豪，外顯行為的焦躁易怒，也可能是失親悲傷無從宣洩，而故作堅強、自我偽裝或自我壓抑。

建議夥伴教師能多陪伴小豪。師長和好友的陪伴，可讓小豪在校園情境裡也能獲得情緒共鳴。陪伴形式沒有限制，從真摯關懷出發即可。可請小豪的好友擔任「學科顧問」，協助他跟上請假期間的課業學習；夥伴教師亦可陪伴他懷念過往美好回憶，讓孩子明白雖然頓失母親依靠，生活情境還是充

滿著許多關愛，以減輕其心靈孤單感。

3. 親師合作與專輔教師諮商

　　家庭教育是型塑人格與自我探索的起點，學校教育是知識累積與品德養成的殿堂。現今的家長因為工作繁忙而缺少親子相處時間，而孩子升上國中後，一天中更有將近一半的時間待在學校，因此親師間更要保持良好的關係與和諧的溝通，將心比心，站在彼此的處境上，瞭解對方的立場，針對孩子的利益來探求共識，才能創造親師生三贏的局面。

　　建議夥伴教師要與小豪同住長輩保持緊密聯繫，以瞭解孩子放學回家後的情緒反應與行為表現有無異狀。再者，可尋求專輔教師的協助。專輔教師依其專業知能，提供學生諮商與輔導，以提升其正向思考、情緒與壓力管理的能力，並協助學生有效改善或克服其學習、情緒、行為及人際問題，增進心理健康與社會適應。若能有越多人釋出關懷的善意，就越能讓學生感受到溫暖。親師生是學習關係中的三方，必須戮力有所共識，各司其職，才能幫助孩子成功跨越生命的難關。

參考文獻
蘇洵慧（2014）。請容許我悲傷（初版15刷）。臺北：張老師文化。

五、事件結果或心得感想

　　死亡，是生命中最難面對的課題、最椎心刺骨的傷痛。但在日復一日的緩慢步伐中，我們終究會走過這段艱辛的歷程，而後歲月靜好，留下的仍然是愛。因為愛是我們唯一的道路，不會因死亡而劃下休止符，而是讓我們更加謙卑、更懂得珍惜、更能體會生命的意義。

　　人生宛如一趟意義追尋的旅程，教育是耕耘生命、成就意義的夢田，教師創造教室裡的奇蹟，也敲響孩子的生命晨鐘。用心的陪伴，無論是感同身受、付出關懷，以及使用適當的話語等，都有助於減輕學生的悲傷與失落。

◆ 案例回饋

回饋 (一)

　　生老病死乃人生中非常重要的課題，一位國二學生在長期和父母親分居、無法謀面的情況下，卻要面對母親驟逝，真是無法承受的重中之重！因此，如何感同身受，同理的去陪伴、關懷、正向引導孩子走出低潮悲傷，進而體會生命、珍惜生命、熱愛生命，為自己創造有意義、有價值的生命，是我們教育現場工作者必須積極、真誠面對和承擔的課題。

　　教學輔導教師提出的建議和協助方式相當正確，以下再就可以努力的事項，提出若干回饋，臚列如下：

1. 親師共同合作，突破隔代教養

　　親情是無法取代的，父母親無法陪伴成長，不利於孩子的人格養成和家庭歸屬。因此，導師要家訪或與該生父親面談，甚至請家長到學校開個案輔導會議，讓其瞭解在喪妻之痛的情況下，可不要再失去一位至親的孩子。最好是將孩子帶到身邊照顧，或至少要常回家關心孩子，盡可能陪伴孩子，讓他有堅實的肩膀可靠，有溫暖的家可回，這對青春期的孩子而言，在身心靈、求學、交友和人格養成上，將起莫大的影響和助益。而這正是導師可做、應做的甜蜜負荷。否則錯過了，將是個人的不幸，也是社會的負擔，更是教育的失敗，不可不慎！話說回來，把責任通通交給導師也說不過去，只是導師要扮演關鍵角色，結合行政（行政人員、輔導老師、社工師……）、班級家長會、學校家長會，甚至要轉介給學校其他單位的師長和人員共同輔導，以竟其功。如果經過導師和大家努力，學生的父親仍無法回到孩子身邊，那麼導師只好和案例學生同住的長輩保持緊密聯繫，而導師所費的心思會更沉重，效果也會較差。

2. 給予關懷引導，回歸正常生活

　　導師可就案例學生的興趣、專長（例如：文藝、體育、藝術、幹部、小老師、小志工等），引導他在這些方面多參與和多學習，並適時給予肯定和鼓勵，這對舒緩其情緒和減輕其壓力應是有幫助的。而透過各項活動和團體輔導，加強同學和好友間的溝通和包容，也將能減少彼此的誤解與困擾，增進人際關係和友誼。導師也可促成案例同學和喜歡的師長多多接觸，常常談

心，師長就可適時關懷，提供正向引導的能量和氛圍。

3. 深化生命教育，師生共同成長

面對發生在自己班上的生命教育或傷感教育相關案例，一般教育人員往往不知如何處遇，所以必須專業增能，並尋求校內外各項資源協助。參閱相關書籍、雜誌，前往大學（如：國立臺北護理健康大學等）進修生命教育相關課程，請校內外生命教育專家到校辦理教師研習、學生團輔或者週會朝會講演等，都是師生增能的方式。甚至引進宗教與愛心團體，群策群力，相信亦可協助案例學生走出悲傷歲月，重拾歡樂時光！

回饋 (二)

學生開始嚴肅看待死亡這個議題，常常來自於兩個不想面對的狀況：第一是自己的同學死亡，第二是自己的家人死亡。前者，導師或是輔導老師需要做班級團體的悲傷輔導；後者，則先做學生個人的悲傷輔導，之後再教導班級學生如何和失去親人的同學相處對話。本案例是屬於後者，建議的輔導方式說明如下：

1. 善用死亡的語言藝術

東方人常常勸亡者家屬要節哀，但這樣並無法真正幫助家屬處理悲傷的情緒，這份哀傷只會深深的埋藏心中，日積月累之下影響家屬的身心健康。所以，必須善加運用「關於死亡的語言藝術」，能讓家屬感受到他人是真實地同理。

2. 洞悉喪親的心理歷程

研究悲傷輔導的眾多學者，大概都認為經過四個階段才有盡哀的功效。第一個階段是接受喪親的事實，第二個階段是充分經歷哀傷的痛苦，第三個階段是逐漸調適到一個逝者不在的現實環境，第四個階段則是在情感上能夠把逝者放在心中的一個位置，並在現實生活中繼續走下去。

以筆者自己為例，父母親在我青少年時期因空難同時身亡，當相關單位通知我和姊姊、哥哥這件意外事故時，我頓時只能不停地喃喃自語：「怎麼會這樣？怎麼會這樣？」無法接受這個事實，心中充滿巨大的害怕、恐懼和無助。一直到意識後續還有許多大大小小的事情有待處理，同時間也有其他

親戚的協助，才慢慢瞭解親人真的已經離去的事實。但瞭解親人已離去並不代表接受親人離去，在忙碌處理後事的階段，不管是看到死亡家人的遺物，聞到熟悉的味道，經過曾經一起前往的地方，心中都有糾結鼻酸的感受，但因為怕其他人擔心，所以常常暗自哭泣。現在回想自己在第二階段時，並沒有充分經歷哀傷，而是不停的壓抑自我感受，因此在多年之後的我，容易失眠、易怒、過度警覺、受到驚嚇。所以，建議導師當學生正經歷這兩個階段時，應適度引導學生宣洩悲傷，但盡可能多多陪伴學生，也請其他同學多多陪伴。

3. 給予學生適時的關懷和支持

導師要敏銳察覺和瞭解學生在物質層面需要什麼協助，家中的經濟會不會有問題，若有問題務必想辦法請求各方支援。再來就是心理層面的支持，與學生聊聊，讓學生儘量抒發感受，當他們在陳述自己和家人的往事時，會引發情緒，會觸發感受，或哭或笑，都是一種情感抒發。另外，也可以使用心象、寫作或是參觀創傷事件的現場，幫助學生面對並控制這些壓倒性的恐懼和苦惱。

4. 掌握告別儀式的功能

以自己的經驗來說，親人的告別式是一個重要儀式，也可以說是一個分水嶺，代表著該和死亡的家屬正式說再見了。籌辦告別式的那段時間，自己的生活是有重心的，藉由回憶錄的書寫，或是影片的剪輯，都能抒發情感。

但是告別式之後，常常會有排山倒海的寂寞感襲來，特別容易悲傷，所以在學校時，導師和同學仍要多多陪伴學生，也要確定學生家中有其他的支持力量。學生返家後，老師和同學可以常常打電話給該生噓寒問暖，或是送送晚餐，約學生出來走走。因為親人的死亡，學生的生活一定會有相當程度的變化，需要慢慢調整適應，師長朋友的支持可以協助孩子度過這個階段。

大部分的悲傷是可以隨著時間慢慢淡化的，親友只要多給予關懷、陪伴、支持和鼓勵，即能協助度過哀慟期。但是，如果學生長時間陷於較深度的悲傷，而且持續一段時間都未見改善，那麼就要尋求醫療和精神心理方面的專業諮商及輔導治療，才能有效協助遠離悲傷。

第四篇

慣性遲到與缺曠

案例 4-1

遲到的學生與斷線的家長

關鍵詞：慣性遲到、親師溝通

一、夥伴教師的情境敘述

　　這學期夥伴教師班上的小玉及小霞兩位學生出席狀況很不好，每天遲到的都是這兩位，有時候甚至一週只來兩、三天。夥伴教師曾告訴班上學生，如果需要請假或是晚點到校，只要家長在早上9：00以前打電話，夥伴教師都可以准假。但是這兩位學生不僅不請父母親打電話給夥伴教師，甚至夥伴教師打電話給家長時，家長也都沒有接電話，常常一個早上打好幾通，但是都連絡不到家長。其中小玉的媽媽也曾無奈地告訴夥伴教師：「我真的管不動我女兒，真的沒辦法！」

　　對於這兩位學生的行為，夥伴教師曾以不准假的方式希望給她們一些被記曠課節數的警惕，但是她們也都一副無所謂的樣子。夥伴教師也曾把她們個別叫來好言相勸、動之以情，剛開始幾天有一些作用，接下來又是故態復萌，每天遲到、曠課。夥伴教師瞭解導師每天都有義務在9點以前打電話通知家長其子女沒有到校，但是這兩位學生反覆出現這樣的行為，家長也都顯得事不關己，讓夥伴教師感到很沮喪。這兩位學生都已經高三了，為什麼還是沒辦法約束自己的行為？對於這些家長，夥伴教師也不知道該怎麼和他們溝通了。

二、關鍵人物相關背景描述

　　班上這兩位遲到成習學生的相關背景如下：

1. 小玉

出身單親家庭，現在和母親在臺北市租屋，由母親單獨撫養。高一之前住在外婆和舅舅家，舅舅家人只供小玉飲食起居，對她並不負起教養的責任。因為高一時與舅舅發生嚴重衝突，被舅舅趕出家門，因而開始與母親同住。但是母親的工作時間為深夜，小玉放學後常一人在家，靠網路遊戲打發時間，常常玩到深夜，導致早晨無法起床準時搭校車。而母親下班後於白天補眠，常常一睡不醒，老師打電話給她也不接。小玉和母親見面的時間不多，母親也不太管她，僅每個月給予零用錢，但為數不多，小玉常連吃飯錢都不夠，有時靠同學請她吃早餐或午餐。

2. 小霞

出身單親家庭，父親曾為警界人員，但因公殉職，現在由母親獨力撫養，家裡除小霞外，還有姐姐和弟弟。雖然母親工作忙碌，也無法兼顧教養的責任，但是姐姐和弟弟都沒有出現如小霞這樣的問題。另外，小霞在高二時和班上好友發生了衝突，此後在學校就獨來獨往。在高二暑假時交了一個男友，男友為社會人士，目前搬至男友家居住，母親無力管教。

三、關鍵問題

1. 該如何讓這兩位學生回歸正軌、正常到校呢？

2. 對於兩位學生家長的管教態度，可以用哪些方式請他們協助配合處理呢？

四、教學輔導教師的建議和協助

夥伴教師已經和這兩位學生的家長多次溝通，但是這兩位學生的行為還是無法獲得改善，建議夥伴教師可以再運用以下幾種溝通方式和技巧：

1. 電話不接的處理方式

導師的確有責任和義務在9：00以前通知家長其子女未到校，如果家長不接電話，則可以採用語音留言或是傳送簡訊通知，並請該生回家時詢問家長適合電話訪談的時間，再致電聯絡。

　　2. 學生遲到的改善建議

　　可以請學務處或是輔導室協助約談學生，共同處理學生遲到的問題。訪談時可以連絡家長一起到校，慎重申明遲到、曠課的嚴重性。學生行為若是無法改善，可再進一步採用電話訪談，以及學務處、輔導室輪流訪談，以達成行為矯正的目的。

五、事件結果或心得感想

　　高職學生的家庭社經背景通常不高，一個班級中單親家庭的比例也將近一半，單親家庭的家長常常出現無力教養子女的情形，家庭功能不彰，若學校教育也無法產生作用，學生更容易出現偏差行為。

　　導師平日處理忙碌的教學工作外，還要負責越來越難處理的班級經營。現階段班級學生人數多達三、四十人，且又有特殊生，需要導師關照，造成教師兼導師者工作負擔日益沉重。目前的親師溝通，常由導師獨立站在最前線面對家長，難免心有餘而力不足。若能將導師座位集中，或是同辦公室的導師有共同的空白時間，彼此交流帶班經驗及問題處理技巧，是讓導師不再單打獨鬥的可能途徑。

◆ 案例回饋

回饋 (一)

　　本案例之問題為目前學校現場會發生的實際狀況，藉由此案例的分享，可以提供學校教師更豐富且實用的問題解決策略與經驗。針對此一案例，個人提出建議如下：

　　1. 確認學生在本學期之前的學習與出席狀況，是屬於累犯？抑或是什麼問題導致今天的結果？

　　2. 建議導師可記錄每日打電話時間或次數，以保護自己。

　　3. 案例建議中提及「……訪談時可以連絡家長一起到校，慎重申明遲到、曠課的嚴重性……」，並應對家長提出學生累計曠課的狀況，可以讓家長與學生更有警覺。

　　4. 適時安排家庭訪問，以更為瞭解學生家庭，並能確認學生遲到的真

正原因為何；若是經濟上的壓力所致，可以協助學生申請助學金、仁愛基金，或是幫忙爭取其他單位的經費援助。

5. 配合校外資源與人力的協助，例如：里長。此外，可以請小霞的姐姐居中協助，看看是否能夠降低小霞遲到問題發生的程度。

6. 教師與學校應介入、輔導小霞與社會人士的交往關係。畢竟學生是未成年人，老師知道這些問題若未即時介入處理，他日若發生問題，責任亦難逃避。

建議該校教師可以參與或建立教學社群，藉由同儕學習與討論的機會，發揮腦力激盪的效果，共商個案學生的輔導方式。

回饋 (二)

教師面對這樣的案例情境，可採取以下的做法：

1. 參考相關處理紀錄

兩位學生都是高三，應該先調出高一、高二出缺席情形，並瞭解處理方式，看看是否因為高一、高二處理的方式與結果，而造成學生現在的「無所謂」。

2. 說明行為後果

告知缺曠課的嚴重性，並依校規適時的做出處置。

3. 詳記輔導記錄

學生未到學校，電話聯絡通知家長是基本功，當然也需做成相關輔導記錄，以避免學生需要接受輔導安置時，家長來校指稱沒有收到通知。

4. 結合團隊進行輔導

輔導學生非導師一人可完成，教師群是一個大團隊、大家庭。當學生需要輔導時，導師應尋求其他處室（一般以學務處與輔導室為主）、任課老師的協助。如果這兩位學生有比較信任的其他老師的，也可以請這些老師協助輔導。

5. 利用假日家訪

於假日或家長有空時間進行家訪，瞭解家庭狀況並和家長溝通。

6. 轉介社福機構

兩個個案皆可請家扶機構或社福機構介入輔導，但介入前最好先徵求個案的同意，或先由機構義工和學生溝通，瞭解狀況後再行輔導。

7. 小玉個人輔導策略

(1) 網路遊戲夜未眠、早上無法起床：高三面臨畢業，應提供學生就業或升學資訊，輔導學生畢業進路，讓學生有目標、有事做，避免沉迷於網路世界。要好的同學或老師每天早上給學生morning call，讓學生感受到大家的心意，或購買鬧鐘給學生，協助她能早起。

(2) 基本生活——吃：申請愛心統餐、超商「幸福保衛站」計畫或仁愛基金，讓學生的「吃」不成問題。

8. 小霞個人輔導策略

(1) 關注是否因結交男友而產生行為問題：因與校外人士有關，考慮結合父親的警察同事協助處理與關心，必要時請社福機構介入輔導。此外，教導小霞對男女間交往的相關知識與自我保護措施，或者邀請男友到校，如果男友對小霞是真愛，建請男友協助小霞回歸正常的生活。

(2) 瞭解是否因比較而產生偏差：家中有三個小孩，應瞭解是否因姊弟間的比較（課業、行為等），造成學生心理與行為的偏差。

(3) 化解和班上好友的衝突：同儕間的關係與力量很重要，可能因當初衝突處理不完善，導致持續發酵。教師應瞭解事情始末，嘗試讓友情再度復合。

高中職一班三、四十人比比皆是，甚至四十多人所在多有，弱勢家庭和特殊學生可能又占了大多數，由一個導師來獨自處理真的是辛苦又為難。輔導老師說得好：老師們是團隊！期望能彼此扶持，互相提攜與幫助，這也是我們教師專業發展評鑑的重點之一！

案例 4-2

瀕臨「曠滿畢業」的阿達

關鍵詞：慣性遲到、曠課、親師溝通、親職教育、隔代教養

一、夥伴教師的情境敘述

夥伴老師班上的阿達，遲到、曠課的問題一直沒有改善。

阿達跟奶奶與爺爺同住，而沒有跟父母親。事實上，爸爸、媽媽都不管這個小孩，爸爸經常工作到半夜，中午才會到工作室上班。老師打電話、傳簡訊給爸爸及媽媽，從來沒有接也沒有回，請奶奶傳達也沒有用。老師請同住的奶奶幫忙叫阿達起床上學，奶奶表示每天都有叫阿達，但是都叫不醒，她認為沒人可以管得動阿達，她也很無奈，希望老師可以再跟阿達溝通。

其實老師可以溝通的早已跟他溝通過了，也給阿達很多的機會，但他仍一直再犯，沒有改善。教官也是天天跟阿達說，甚至到阿達家進行家訪，家訪時只有爺爺在家，與爺爺溝通後也沒有效果。

阿達平時經常都是9：00或10：00多才到校，如果要請假，也都自己傳簡訊。阿達若再沒改善，曠課可能會超過42節課，老師很希望他的家人可以注意這個問題。

二、關鍵人物相關背景描述

針對本案例中關鍵人物的背景狀況，分項說明如下：

1. 阿達時常第一、二節課後才到校，累積曠課快超過42節。他一年級時也曾曠課超過42節，本來要退學，但是爸爸、奶奶到學校跟教官及老師大吵，希望學校再給予孩子機會。事後學校同意他留校察看，並且用愛校服務

銷過。

2. 阿達曾經就讀他校，也因曠課超過42節被退學。家長認為是家裡離學校太遠而造成，因此讀一學期就同意學生休學。

3. 阿達沒有跟父母，而是跟祖父母同住。祖父母對孩子比較沒有約束力，且奶奶偏愛孫子，一直讓他吃東西，所以阿達體重超過100公斤，他自己也一直覺得體重過重、身體不適，是造成他無法起床的主要原因。

4. 二年級時，老師每天早上6：30打電話給阿達叫他起床，阿達才不會遲到。但不遲到的狀況僅維持二個月，每次勸告後會改一下，到最後還是沒有改善。三年級時，老師決定讓阿達自己起床，不再每天打電話給他，結果出席狀況又變很差。

5. 阿達表示媽媽跟爸爸都不理他，只有奶奶跟爺爺會理他，身體有狀況也沒有人會帶他看病，顯示阿達很需要他人的關心。

6. 導師、教官時常叮嚀他，連輔導老師也加入輔導行列，但是阿達改善不多。

三、關鍵問題

如何改善阿達遲到、曠課的問題，以免曠課超過42節，遭到被學校退學的處分？

四、教學輔導教師的建議和協助

教學輔導教師對於夥伴教師提供以下三項建議與協助，分述如下：

1. 讓家長瞭解阿達的狀況。在與阿達家長溝通時，應以同理心的角度，去協助家長並尋求解決之道。

2. 先跟專業的輔導老師一起與家長溝通，讓家長知道目前的狀況，並思考如何改善阿達的狀況，不要馬上送交學務處處理。

3. 阿達嚴重遲到的狀況可能是要引起家人及師長的關心，要協同家長及師長共同關心且注意阿達的行為。

五、事件結果或心得感想

本案例之後續發展，分述如下：

1. 學校邀請家長到校溝通，媽媽依然沒有出席，由奶奶與爸爸一起到校。因為瞭解先前曾有家長與校方在學務處吵架的狀況，因此輔導老師與導師跟家長溝通時，站在阿達家長的立場，以協助阿達的角度出發。

2. 阿達曾跟導師表示，媽媽和爸爸很少跟他溝通，也不太關心他，而祖父母對他比較沒有約束力，因此，導師也請爸爸與媽媽多多關心這方面的問題。

3. 阿達已被退學一次，家長希望阿達可以在本校畢業，因此願意協助阿達。爸爸自己開業通常都是晚上工作、早上休息。原本想請媽媽代勞，但爸爸表示夫妻常為小孩的事吵架，所以沒辦法與媽媽溝通。爸爸是孩子的法定代理人而非爺爺與奶奶，因此爸爸決定每天早上工作回家前先將阿達送到學校。

4. 另外，班上的秩序表現常因為阿達經常遲到而變差，造成班級同學對他頗不諒解。爸爸表示會再跟阿達溝通，同儕方面則請老師盡可能安撫同學的情緒。

5. 爸爸表示因手機號碼更換，所以老師一直無法聯絡上，但聽奶奶轉達狀況，曾跟阿達溝通過。對於無法跟老師直接溝通，爸爸深感抱歉，因此再給老師新手機號碼，並加入老師的Line，以期日後可以及時溝通。

6.親師溝通之後，阿達到目前為止沒有再遲到過，效果不錯。但是學生到校後的精神狀況比較差，日後要再繼續跟阿達進行溝通與輔導。

◆ 案例回饋

回饋 (一)

上學遲到是學生經常發生的問題。本案例中，隔代教養的祖父母無法約束孩子，學校老師、輔導教師和教官卯足全力，都成了鬧鐘老師，雖然初期有效，但過不久又故態復萌，顯示教師單方面的勸導較難奏效。幸好透過教學輔導老師的協助，主張以同理心的角度，讓阿達的家長瞭解現況，促使爸爸負起責任，每天送阿達上學，從此沒有遲到，效果不錯，足見學校和家庭

合作共同教育孩子，相當重要。

依據案例情境的陳述，造成阿達上課經常遲到的可能因素包括：1.隔代教養，沒有與父母親同住，爺爺、奶奶管不動。2.父母疏於關心，阿達想以遲到引起父母、老師的注意。3.體重過重，作息時間不良，也許經常晚睡，早上無法早起。4.對學校學習不感興趣，無法獲得成就感，因此得過且過。除了上述因素外，謹提供另一實際案例，也供老師們思考與參考：

某校高一學生蓮芝（化名）經常遲到，每天都要第一、二節才到學校。該班導師非常認真，經常以電話叫她起床或邀請同學接她上學，但是曠課還是超過42節，面臨留級或退學的局面。輔導老師發現她經常精神不濟，請家長帶去就醫，診斷出蓮芝患有「嗜睡症」。爸爸相當懊惱地告知學校老師：「蓮芝從小每天早上爬不起來，無法準時上學，經常被罵懶散，原來她是有病在身，無法控制自己，父母、老師都誤會她了。」因為爸爸持公立醫院診斷證明，學校經會議討論，決議取消42節曠課。在藥物控制和醫師診治下，蓮芝逐步恢復正常，一直到高三順利畢業。

蓮芝的例子說明孩子的問題行為是表徵，其產生的背後因素很多。阿達經常遲到可能的原因，不排除或許也有生理疾病之因素。若真的不是生病，案例中教學輔導老師和夥伴老師所採取的策略，已經相當用心而且略有成效，值得肯定。

改變學生問題行為的最終目的是讓學生自主地為自己的良好行為負責。阿達遲到問題之改善，初期由爸爸送到學校，長期仍要讓他能自己每天準時上學。以下有三項策略，提供參考。

1. 採用行為改變技術：和家長、學生建立行為契約，採用合宜的增強物，逐步引導其邁向正軌。

2. 提高學生自我效能：老師發掘阿達的優勢智能，讓他在學校或班級有機會發揮，獲得有成就感的學習經驗，自然會喜歡上學。

3. 重要他人的支持：父母親的關心、教師的重視、同學的喜愛等都是可以努力的方向，讓阿達對學校或班級有隸屬感，比較不會自我疏離。

　　要言之，孩子任何問題行為的表現都是警訊，我們不能僅從外顯行為草率判斷原因或下定論，要從家庭、個人、社會、心理等因素，和父母親、輔導老師等共同找出原因，才能對症下藥，改善行為。

回饋 (二)

　　每一個教學輔導案例都是一面鏡子，可以反照出學生問題背後的原因，也可以看出家長、老師、學校三者面對學生問題時是否能密切合作，達到改變行為的目標。

　　這個案例中，阿達遲到曠課行為的背後，有隔代教養的問題，也有親師溝通不良的問題。教學輔導老師看出問題的關鍵，主張透過有效的親師溝通，補強個案家庭功能不彰的問題，雖然目前沒有把握能完全解決阿達的問題，但對他的健康與學習已展現改變的契機。

　　若要進一步幫助阿達，必須先確認他的生理健康。倘若如阿達所言，他之所以遲到，是因為體重過重造成身體不適，那就必須先解決體重問題。體重過重的原因，除了飲食習慣不佳，也有可能是生理疾病引發。如果是生理因素，就應該先就醫診治，才能根本解決問題。即使確認並非生理疾病造成飲食失調，也應該透過諮商管道，瞭解阿達體重問題背後是否有心理因素或情緒困擾。阿達和家人都應該正視體重過重所造成的健康問題，改變阿達的飲食習慣，注意均衡營養。否則沒有對症下藥解決體重問題，恐怕再多的親師溝通，也無助改變阿達遲到曠課的行為，更遑論提升他的學習效果。

　　撇除健康問題，在學校方面，運用有效的行為改變技術，設定可行的目標，以正增強的方式鼓勵阿達改變生活習慣，也是幫助他的好方法。阿達先前曾被退學，從學校管理的角度來看，這是他應得的懲處，但是這個懲罰的模式並未有效改變阿達的行為。如同教學輔導教師的建議，阿達嚴重的遲到行為可能是要引起家人及師長的關心，因此換一個正向鼓勵的方式，對阿達可能會比較有效。特別是目前阿達已經願意配合學校規定的正常時間上學，老師除了口頭讚美，給予精神鼓勵之外，也可以與其訂約，例如：一個月遲到不超過3次，即給予實質嘉獎，以加強他的意志力。

　　另外，老師從班級經營著手，營造班級友善的氛圍，也有助於提升阿達的到校動機。這必須從輔導阿達開始，他自己的改變是最初的起點，當他努

力減重讓自己更健康，努力不遲到、不影響團體秩序，同學通常會以同理心接受他的改變。如果班上有同學願意當阿達的小天使，關心阿達在學校的生活與人際關係，給他心理上的支持，相信這股同儕的力量會推動阿達有更大的改變。

從家庭功能來看，阿達的家庭功能不完整。因為缺乏父母親的關愛，對他的學習有很大的影響。從輔導歷程可以看出阿達的母親不願參與，如果母親的態度已經無法改變，要彌補空缺的母愛，家庭其他成員必須付出更多心力，而父親的角色就顯得格外重要。從個案最後的結果驗證，當父親開始積極關心和參與之後，阿達似乎有明顯的進步，可見父親的關心和參與，確實可以改變孩子的行為表現。事實上，隔代教養的孩子不一定都有行為偏差問題，重點在於祖父母的教養態度是否正確。只求滿足孩子的口腹之欲不是愛的方程式，還可能是危害阿達身體健康的禍首，這點也必須讓祖父母清楚知道，既然愛孩子就不應該反而害了他。

從這個案例當中，我們清楚看到家長、老師與學校行政是孩子穩定成長的鐵三角，任何一方功能不佳，都可能引發問題或無法解決問題，這也就是在孩子問題解決與輔導過程中，親師溝通必須良性而充分的原因。

回饋 (三)

針對本個案之溝通處理與輔導，提出四個原則如下：

1. 周全原則：考量身心家庭狀況，研擬同理解決方案

青少年的成長階段非常需要師長的關注與傾聽，師長應瞭解學生的家庭背景（或臨時變故）與學生學習成長經驗以及身心靈狀況，給予適切的輔導與策略建議，疏導其學習壓力與改善身體狀態。特別是要與家長積極溝通協調，並藉助班級任課教師、輔導教官與輔導老師協作，在兼顧情、理、法的周全考量下，以同理心的角度，儘量協助其適應生活與改進課程學習。當然，適度的時間等待與成全包容，有時是必需的。

2. 鼓勵原則：親師同儕鼓勵陪伴，激勵協助成長

從學生最重視的方面著手，特別是同儕人際關係。經由班級活動中師長的關愛與同學的協助，建立其良好觀念，學習為自己的行為負責，循規蹈矩

一步一腳印，慢慢改善晚睡、遲到與缺曠等不良習性，成就自己的人生希望和夢想。尤其是在心智成長方面，更需要親師生等重要他人的正向鼓勵、主動陪伴與持續輔導，才能打破原有慣性，讓遵守規範、認真學習的氛圍能持之以恆，相信有志者事竟成！

3. 期許原則：設定價值目標，增強行為動機

所謂「天生我才必有用」，每一個人都有自我的才能與特點，但首先必須讓學生肯定自己的價值，讓孩子找到自己的立足點，才能增強其行為動機，創造新的自我生涯藍圖。尤其青少年非常重視同儕間的評價以及教師的公平認可，因此建議教師在教學與指導過程中，應該為學生設定適當可達成的目標，期望其肩負對自我、家庭、社會的責任，引導其願意承擔並努力達成，進而成為更好的人。

4. 團隊原則：結合親師生集體智慧，共商問題解決方案

有些學生受到社會不良風氣影響而迷失方向，頹然就醉，醺然忘我，迷戀網路世界無法自拔，嚴重者甚至輕視他人、霸凌他人，用以滿足「自我」。面對種種難以處理的學生問題，建議針對班級個案，建立有效溝通管道，積極透過親、師、生等集體智慧，參考資深教師的實務經驗，找到問題的癥結點，發展適當對策與輔導方案，以期個個擊破。

一個優秀的現代教師，除了是學科專業老師之外，也應能扮演以下教師角色：第一，做一個稱職的陽光教師，養成每天稱讚學生表現的習慣，讓學生感覺很溫暖；第二，做一個良好的班經企管老師，用心留意所有學生的學習狀況，知道哪些學生上課在說話，哪幾個學生在打瞌睡，但不會當面指正，而是事後去瞭解嗜睡或分心的原因，進而協助他們改善；第三，做一個傑出的伯樂老師，積極肯定與發掘學生的天分潛能，並給予必要的支持，協助學生開啟人生重要的一扇窗；第四，做一個資源老師，適時提供資源給學生，協助學生反敗為勝、出類拔萃，成就人生理想。當然教師也必須擁有專業創新的教學，運用良好的班級經營與輔導策略，才能引領現今多元和極具潛力的各類學生共同成長學習。

案例 4-3

形同虛設的遲到班規

關鍵詞：班級規範、班規執行、遲到

一、夥伴教師的情境敘述

劉老師的班級規範中規定學生必須在早上7：30前到校，到校後進行簡單的打掃，於7：35進入早自習。但班上幾位學生常常遲到，屢勸不聽，對於遲到所須承擔的處罰也不肯接受，讓劉老師十分困擾。

10月2日星期五當天，劉老師宣布本週遲到超過3次的同學要依班規留校刷地，但學生在特色課程（註1）後不見歸來，完全不將老師的規定放在眼裡。原本有五位同學該回來刷地，卻只有一位回來。

回到班上後，請學生以手機聯絡那幾位同學，聯絡未果，也無法只處罰這一位學生，只好先讓他放學回家。事後得知，那幾位學生是跑到籃球場打球，並非因為有事才不能回來打掃。劉老師覺得很沮喪，也覺得班規形同虛設，如果無法落實，未來不但遲到的情況會更嚴重，教師的威信亦受到嚴重的影響。

二、關鍵人物相關背景描述

1. 劉老師在學生開始有遲到狀況時，便時常口頭提醒學生注意作息。發現這幾位學生容易慣性遲到後，亦曾致電家長詢問學生的生活狀況，並請家長協助配合提醒，但不是作用不大，就是家長亦無計可施。

註1　星期五下午第六、七節（pm2：00〜4：00）進行跑班制的特色課程，學生依自己所選課程，會分散在全校各處上課，並不在原本的教室。

2. 近年來，學生延遲到校的問題日益惡化。對於學生應到校時間，本校向來規定是7：30，劉老師只是依照慣例來執行。但依據教育局的規定，高中生必須到校的時間是早上7：50，兩者之規定有所落差，形成學校與導師在管理上的困擾。學生會以教育局的規定為由，反問老師憑什麼要他們這麼早到校。事實上，學校或教師確實也無法強制規定學生要早於7：50到校，更不能以此處罰他們。

3. 對劉老師而言，其他班級都是這麼要求。若是讓學生7：50才到校，除了無法在早自習安排考試或其他班務，擔心因此導致班級成績下降或影響班務之外，對於一位新進教師來說，心裡也會擔心其他老師說她對學生太好，所以不便更改規定。但班上同學都將這件事看在眼裡，劉老師如何處理，將會影響她日後身為該班導師的威信。

三、關鍵問題

教育局和學校、導師所規定之到校時間不同，老師應如何讓學生瞭解用意並願意遵守，落實班規的執行？

四、教學輔導教師的建議和協助

1. 教師應在班會中提出此一議題來討論，先說明老師如此規定的原因和理由，再讓其他學生（不包括此次事件的當事人）表達自己的意見，盡可能尋求平衡點。或是重新制定規範細節，在對班級發展更好的前提下，訂出全班都能接受的規範和處理方式。依據自身擔任導師的經驗，教學輔導教師認為，若是以開放誠懇的態度和學生溝通，本校學生其實是能理性溝通、並以大局著想的孩子。先將班級整體情況穩定下來，再來處理個別學生問題，可避免節外生枝。

2. 建議先處理情緒，然後再處理事情本身。有時學生有其特殊狀況或需要協助之處，遲到只是表面病症而已；不服老師管教，有時也只是無法處理自身情緒。若是學生感受到老師的關懷和誠意，有時可以帶來願意配合的契機。

3. 建議要讓家長瞭解整件事情的來龍去脈，不要只聽信學生的一面之

詞。學生在校的狀況往往是家庭狀況的反映，試著與家長溝通，有時可以意外地找到原因或方法。更重要的是，不要讓家長覺得教師在「處罰」孩子，而是要讓家長認為是親師一起來協助孩子，才不至於未成助力，反成阻力。

五、事件結果或心得感想

1. 幾位不服處罰、逃避處分的學生向夥伴老師道歉，並重新約定留校刷地的時間，但遲到情況改善有限。遲到這件事不容易處理，一方面是現在學生作息常常不穩定，有太多事物吸引他們時常熬夜而無法早起；另方面則是學生自我意識提高，對團體規範的認同度不如以往，而教育局的規定與校內規定不同步，在在造成困擾。近年來，有專家學者或是政治人物呼籲延後學生上學的時間，從學理上提出青少年對睡眠的需求，認為學生延後到校，對其學習的情況會更好，吾人亦可靜觀此一觀念是否會為大家所接受。

2. 夥伴老師全班開會討論的結果是維持原本的班級規定，仍然是7：30到班。教學輔導教師認為高中生其實仍然需要規範，他們也能思考規範存在的必要性。只要能理性、誠懇地與他們溝通，尋求全班整體的共識，其實反而比直接下命令、訂規範更有助於班級管理。而且以同儕的力量來約束學生，遠比教師一個人的力量要來得大。

3. 至於家長的部分，大致上也能有良好的互動和溝通。雖不見得能立即產生效果，但雙方合作仍比教師單打獨鬥更為有力。唯有其中一名學生的家長，仍然不太能接受自己的孩子有遲到、記警告的紀錄，要留意這個部分，避免日後家長到校抗議。

◆ 案例回饋

回饋 (一)

本案例的劉老師是新進的班級導師，其最在意的事情有二：一是學生遲到將影響早自習安排考試的機會，從而影響成績；二是學生不遵守罰則，將嚴重影響班規運作，從而損及導師威信，其中尤以後者更是本案例中的關鍵問題。

綜觀整個案例，劉老師遇到的教育問題可以歸結為學生的「自由」

（freedom）與「自律」（autonomy）和教師的「威權」（authoritarian）與「權威」（authority）兩個議題。劉老師希望樹立其在學生中的威信，即權威，以使學生遵守班級規範，達到自律之自我要求。以下將從這兩方面析論劉老師在教學輔導教師的建議下，可以再加強之處。

　　就樹立威信，亦即教師權威而言，權威的權本指秤錘，用以衡量輕重得失，因為是根據客觀的權衡結果，能折服大眾，因之有權威可言。所以權威的本義是根據客觀標準做出判決，有讓人信服的力量，但其令人折服是建立在「德」上，如僅藉地位權勢來壓迫，是以「淫威」來使人就範，則淪為威權（歐陽教，1986）。依此，劉老師如何建立威信，就與其如何使學生產生信服和共鳴密切相關，亦即如何讓學生打從心底認同班規且願意踐履，這個問題是案例中的關鍵。

　　根據J. Dewey的教育觀點，他認為所有由大人（包括教師）片面所做的規定，都有威權壓迫之虞，正確之道應由學生自己討論後做出決定，當然教師要從旁做適度的引導，例如：告知學校的相關規定和班級的教育願景（Dewey, 1916）。本案例的教學輔導教師建議劉老師尊重學生，將到校時間規定再提交班會討論，即彰顯教師尊重學生的參與「自由」權，當學生自己訂出規範後，應較能認同，從而實踐，此即是「自律」（歐陽教，1985）。英國夏山學校（Summerhill）為了培養學生的自主學習習性，所採用的即是這種民主運作方式，亦即在選擇何種運作方式後，須承擔規範的義務（周愚文，2010）。

　　就本案例而言，由學生自己再次商訂班規後，可能仍有少數同學無法確實遵守。此時，除罰則外，劉老師可以運用一些方法，增加學生準時到校的誘因，例如：1.將清潔工作分早上、午休或放學後，由學生自己選擇時段，具有彈性的做法較不會引起怨懟；2.晨間早自習活動除了安排考試外，有時可以視學生興趣，安排其所喜好的有意義學習活動，讓學生感到驚奇，相信更能提高學生的參與意願，而不會將早自習當作千篇一律的考試時間，視為不得不然的苦差事。

　　班級經營是一門藝術，班級經營得當，師生的互動就如存在主義學者M. Buber所言，是「我與汝」（I and Thou）互尊互諒之師友關係（歐陽教，1985），其境界即是《禮記・學記》所描繪的：「故君子之教喻也，

道而弗牽，強而弗抑，開而弗達。道而弗牽則和，強而弗抑則易，開而弗達則思；和易以思，可謂善喻矣。」

參考文獻

周愚文（主編）（2010）。進步主義與教育。臺北市：師大書苑。

歐陽教（1985）。教育哲學導論。臺北市：文景。

歐陽教（1986）。德育原理。臺北市：文景。

Dewey, J. (1916). *Democracy and education*. New York, NY: Macmillan.

回饋（二）

　　有效建立並執行班規是導師班級經營的重點工作之一，班規在訂定之後能否有效執行，關係著導師帶班的權威性與學生對教師的信服感。尤其對於認知發展已較為成熟、對公共事務參與有相當主見的高中生而言，班規制定過程更應由師生共同討論決定，獲得整體的認可與支持；如果有少部分相左的聲音，在制定前能夠聆聽、溝通，也盡可能予以尊重並妥適解決，如此才能確保班規執行過程的公信力，不致因窒礙難行而造成師生對立。

　　建議新進教師在訂定班規之前，最好能先進行電話家訪，認識並瞭解每個學生的家庭背景，也初步建立親師之間的互信關係。同時要多向資深教師請教，學校如有教學輔導教師的安排當然最好，否則也可以主動向資深同仁打聽或請益，多掌握一些學生背景訊息，幫助自己快速進入狀況，如此較能為班級量身打造出可行的班規。凡事豫則立，在規範訂定之前能有完備的腹案，也彰顯出新進教師帶班的用心和問題解決的能力。

　　劉老師的辛苦和無奈，當過導師的人都能同理。但只要用心面對問題，真心與學生對話，誠意為學生打算，相信學生終能接受班級再次討論後確立的規範，個別的問題亦能逐一加以解決。謹提出後續處理參考做法如下：

　　1. 違反班規後之處罰或記警告，可商請行政單位配合扮演黑臉的角色，例如：請生輔組長或教官協助規勸幾位愛遲到的學生，如不能遵守班級規範，又無法接受導師處罰，則須參加愛校服務，否則即以校規論處。如此，當家長反彈時，導師較易獲得行政支持或可由行政單位接手處理。

　　2. 可邀請學生同儕扮演小天使角色，或藉由分組方式，將容易違規遲

到的學生編入不同組別，由各組組長扮演督導或提醒的角色。若個人違反規定，即可發揮同儕協助輔導力量；如在特定時期內均能符合要求，則給予協助之個人、小組公開褒揚或實質鼓勵。

3. 對於遵守班規、顯現正向行為的學生，或者行為表現逐漸有進步的學生，經團體認可後，可給予具體回饋及表揚，包括：贈送鼓勵卡片或小禮物、邀請共餐、平時表現加分等，也可以透過親師聯繫管道如Line、臉書或部落格等告知家長，讓學生的正向表現能有持續被增強、肯定的機會。

4. 可鼓勵各小組就提升班級學習動力、有效增進各科學習成績等相關議題進行腦力激盪，以團體共識所訂定出來的自主學習策略，取代早自習安排考試的傳統做法，如此即可思考是否要維持7：30以前到校的規定。

總之，班規的制定與有效執行是一門考驗導師帶班智慧的藝術。而因應不同身心發展階段、不同家庭背景與特質的班級學生，導師更要具備正向管教輔導、彈性解決問題的能力，這也正是教師必須積極參與班級經營專業成長相關活動的重要原因。

回饋 (三)

對於事件之處理，下列意見提供參考：

1. 到校時間規範問題

據個案資料呈現，教育局、校方與班級規範的到校時間存在分歧。由於教育局7：50到校的規定，故即使目前校內各班均慣例規範7：30到校，但也無法強制執行。此外，各班學生到校時間由各班導師自訂，目前各班所訂時間均早於教育局訂定的7：50，若導師必須堅持，則需要讓學生和家長瞭解及支持。

從個案中可知，為了安排考試及其他班務，因此學校與劉老師都認為7：30到校較為適合，但因總有學生遲到，且處罰無法貫徹執行，因此劉老師深感困擾，不知如何讓學生瞭解老師的用意，並且能確實遵守到校時間的規範。

其實高中生心智已經較國中階段成熟，更能說理與獨立思考，因此較好的處理方式之一，是在班會中導師先向學生說明規範7：30到校的考量，讓

學生明瞭老師的用心,接著可說明目前執行的狀況與困境,同時將此問題交由學生公開討論,討論的焦點有二:一是本班應規範何時到校為宜,二是違規者應如何處罰為宜。藉由學生公開討論和決議過程,讓其自行訂定到校時間及處罰方式與內容。

在該個案中,教學輔導教師亦提出類似意見,但值得留意的是,在學生公開討論前、中、後,導師可適時、適當地引導或提出意見供其參考。例如討論前,導師可提醒同學哪些班務必須利用早自習時間來處理或執行,因此7:30到校可能有其需要;討論過程中,導師也可適度地提供意見,作為學生討論的參考;討論之後,學生的決議則應予以尊重。而在執行層面,導師可提供經驗與意見。

值得一提的是,這個過程是一種機會教育和生活教育的實踐,一方面讓學生學習如何經由公開的議事過程來理性思考,以及面對問題、處理問題和解決問題;二方面也讓學生學習如何為自我的或團體的事務負責。即使學生的決議存在瑕疵,通常他們也會藉由後續的會議再行修正,而這也正是他們一個難得的自我成長和學習的機會。再者,由於決議是學生們的共識,通常遵守及維護的意願也會更為強烈。

此外,班級的規範宜讓家長知道,並瞭解及認同規範的動機、內容與目的,而且要讓家長支持甚至協助相關規範在班級的運作,進一步達成親師生三方之間的共識及合作。

2. 遲到問題

(1) 找出慣性遲到原因:學生若偶而遲到,可能問題不大;若慣性遲到,則可多瞭解其背後原因,找出關鍵,並設法幫助其解決問題。同時,慣性遲到問題也可以告知家長,親師生共同合作設法改善,效果往往更顯著。

(2) 預防與改善的方法:關於遲到問題的改善,可分兩個方向思考。一是消極性的減少與避免遲到,另一則是積極性的提高早到的意願。首先,就如何減少與避免遲到而言,要找出造成遲到的關鍵並設法改善,例如:如果是因晚睡造成早晨晏起,就要調整作息,晚上早些入睡,早晨相對較易早起;此外,也可分析遲到的可能後果,讓

學生瞭解利害關係，也有助於改善遲到狀況；另外，學生不願意早到，也可能有其他特殊原因，例如：是否有人際關係或者學習成就低落等困擾，若有特殊原因或困擾，則在處理遲到問題時也要一併處理，進行相關輔導。其次，就如何提高早到意願而言，早自習未必只能安排考試，或只能安靜自習，可思考例如觀看富教育意義的精彩短片或與課程相關的熱門影片，或安排學生從事感興趣的晨間運動等。

3. 違反規範的處罰問題

在學生違反班級規範時，如何以合宜的處罰來約束與提醒學生，也是一個重要問題。個案中，劉老師規定一週遲到3次者要留校刷地，但該週五位學生中卻有四位未按規定留校刷地。此事背後反映下列問題：一是班級規範與導師權威受到挑戰，二是處罰方式是否合宜。

對於第一個問題，建議如前所述在班會中公開處理。至於第二個問題，建議處罰方式可做調整，讓處罰具選擇性和彈性，以期提高能確實執行處罰的可能性。劉老師要求違規3次者留校刷地，但放學後的時間，學生可能已另有安排，例如：補習或家庭事務等，因此可增加處罰時間和內容的選項，例如：處罰時間可選擇早自習、中午午休時間或放學後，處罰內容除刷地外，或可增加「一日值日生」，或是打掃各科專科教室、行政處室、教師辦公室或門房等。

但導師要留意，讓違規學生即時選擇處罰時間與內容後，要留意學生是否如期確實完成處罰的工作內容。唯有確實執行處罰事項，才能讓處罰具一定的警惕效果，進而有助於修正學生的違規行為。

第五篇

衝突管理與化解

學生嗆聲事件

關鍵詞：師生衝突、師生關係、學習動機

一、夥伴教師的情境敘述

第一次段考過後，夥伴老師覺得任教班級的學生不夠用功，成績不好，所以就訓了他們一頓，包括他們課堂上睡覺、晃神的居多。也許是言語上的疏失，不小心說了一句「許多老師都覺得你們愛唸不唸的，全部在睡覺……」，這時班級氣氛已相當凝重，大部分同學都低著頭，但竟也還有趴桌睡覺的。夥伴老師正覺失望，此時文凌（化名）突然抬起頭來很大聲地說：「我們究竟哪裡爛？」讓夥伴老師一時感到錯愕。夥伴老師意識到也許自己太直接了，所以趕緊改口說：「不是你們爛，是風評不好！我知道你們都很聰明，所以考前可以自己唸嘛！」

之後繼續上課，但夥伴老師感到十分尷尬，全班氣氛也十分低迷，而文凌胸前叉手，用很不屑的態度，頭也不抬地上課，過沒幾分鐘，她就趴桌睡到下課。

二、關鍵人物相關背景描述

1. 文凌是一年級下學期班長，雖常做中性打扮，但心性和善，也無特殊家庭背景。時而仗義執言，但不常與人有言語衝突。

2. 本校二年級學生因二下有商業季活動，因此二上的學習狀況普遍不好，該班成績不好與此也許不無關係。

3. 夥伴老師是高職學校的專任國文老師。

三、關鍵問題

夥伴老師只瞭解該班學生國文科學習成就的高低，資訊並不全面，苦口婆心、語重心長的訓誡，雖也是為了該班好，但因措辭失當，貿然全面性的評價，導致學生心生不滿，出言反擊，導致夥伴老師下不了臺，場面難堪。不知應該如何化解這次衝突的後續效應，以及提升學生學習成效？

四、教學輔導教師的建議和協助

1. 提升學習成就

(1) 儘量想辦法提升學生學習成就，但勿採取數落方式，例如：可以增加小考次數，每次5題就好，或是加強默書，以提升整體成績。

(2) 學生還不能體會「愛之深，責之切」，因此還是要多鼓勵。轉化語言風格，儘量以正面的言詞；若提及學生的缺點時，只要點到為止即可。

(3) 仍可保持對學生原有的高期許，但可嘗試「差異化教學」或「補救教學」。

(4) 加強關心班級中後段的學生，與其個別談話，檢視學習成績低落的原因，也許是興趣不合，或學習方法不對，也有可能是缺少鞭策，略施壓力或期待應該就能有進步。

(5) 設立進步獎，鼓勵中後段的學生。

(6) 課堂上避免一直注意低成就或睡覺的學生，以免顧此失彼，反而讓認真的學生很少受到鼓勵。

2. 對文凌的後續處理

(1) 利用輔導室的諮商室，私下找文凌來聊聊。有必要時，可向全班道個歉，畢竟老師說話太直接了。

(2) 跟文凌聊聊社團、服務隊或班級幹部等經驗，找出她的亮點並加以讚美。

(3) 如果文凌不想與夥伴老師溝通的話，可請求導師協助慰言。

五、事件結果或心得感想

夥伴老師與教學輔導教師提到此事時，是既氣憤又失望。師生會產生衝突，可能一部分是因為夥伴老師二年級才接手這個班，目前還是磨合期。而夥伴老師拿以往教高中生的標準來要求此班，講義準備相當豐富，必定也讓不少學生消受不了。

本校學生相當有想法（或許現在的孩子都如此），滑世代的學生不再像以前一樣事事都要求助父母、師長，態度冷漠可以解讀為獨立自主。以往嗷嗷待哺、膩著老師的學生，反而令人懷念，夥伴老師會有失落感，教學輔導教師能夠理解。

雖然夥伴老師與文凌的關係現在可謂降到冰點，但是教育是心與心的交流，每週四節課的接觸，怎能真的理解孩子的全部？要進入文凌的內心，或產生師生間的親密感，或許還是一條漫長的路。夥伴老師的教學資歷頗長，相信有能力處理這一類學生不友善的狀況，目前先靜觀後續發展。

類似夥伴老師講錯話的情事，教學輔導教師自己也曾發生過。回想當初第一年在宜蘭當菜鳥老師時，自詡是「用功的臺北老師」，總覺得「宜蘭的孩子好野，太活潑，簡直過動，只會玩，不唸書」，不僅「覺得」還「直接」在課堂上罵學生，希望他們能「振作，定心讀書拿個好成績，不要當啦啦隊」。很不幸的，隔天班上學生就開始產生「仇視」，在手機還不普遍的年代，傳播速度還沒有那麼快，收拾自己的爛攤子還算順利，但師生之間最後還是有「破鏡難圓」的遺憾。如果是現在，也許學生直接就打1999或爆料老師了。

如果時間能夠倒流，教學輔導教師認為，當年會試著去瞭解每個孩子的身家背景，會多發現宜蘭的風景優美、人情純良，不會只專注成績。如果能把「會玩又會讀書」當成當時經營班級目標，把「過動」改成「外向有活力」，把「愛講話」引導成「勇於發表意見」，多安排分組討論，那麼肯定會有一番不同的教學風景吧！

◆ 案例回饋

回饋（一）

　　本案例中的夥伴老師原本教授普通高中國文，後轉入職校教書，應知道高職生與普通高中生的教育目標、程度及興趣有所差異，但未能做好課程調整，加以責任感使然，在「愛之深，責之切」的驅策下，用負面且全稱否定的語詞責備學生，致使班上好打抱不平的文凌憤而「頂嘴」反擊。由此案例看來，夥伴老師亟需解決的有兩個重點：一是學生國文科成績的提升，二是化解因言詞不當，尤其是文凌起而回嘴所產生的師生緊張關係，後者尤其是迫切的課題，因此以下主要針對師生緊張關係提供建議。

　　教育愛在愛學生的理想，在學生身上創造價值。賈馥茗在論述教育愛的特徵時，認為教育的愛應是「君子之愛人也以德」《禮記・壇弓》，所謂德，指的是「仁」之德行，仁是由愛之情感昇華而來的情操，因此含有理智的成分，所以作為君子之教師，對學生的愛不是盲目而「亂施」的情感，而是愛得有方向和內容，其方向即是針對個別的學生，無論其目前有多少缺點，都認為是可造之材，將來都有達到自我實現的可能。依此，教師便不會再預先對學生訂定必須達到怎樣的標準。猶如福祿貝爾（F. Froebel）將教師比喻為園丁，如果園丁看到幼苗在雜草中掙扎，望見幼苗即將枯萎，暫且不去想花和果，而著手除草和澆水施肥，則除草、澆水和施肥成了可愛的歷程，歷程越久，可愛之處越多，即是教育愛重在歷程甚於事功（賈馥茗，1994）。一般教師基於教育的成效概念，忘記了工作歷程（歐陽教，1996），一味要求學生成績的表現，使得學習過程如夏天的烈日，酷熱難當，夥伴老師即犯了操之過急的錯誤。

　　其次，夥伴老師忘了所教的學生正處於青春期，敏感且容易憤世嫉俗，情緒極不穩定，應以正向鼓勵代替負面責備之語詞，尤其應避免使用非科學的全稱否定句：「許多老師都覺得你們愛唸不唸的，全部在睡覺……。」

　　夥伴老師在文凌回嘴後立即修正，顯示其為知所反省的好教師。因此對於如何回復師生的融洽關係，如案例中教學輔導教師的建議，即向全班道歉，表示教師也非完人，學生感受敏銳，也當將接納教師的真誠。

　　本案例須格外關注的是文凌的後續反應，文凌反擊說：「我們究竟哪裡

爛?」說明了馬斯洛（A. Maslow）的需求階層論所言：自尊是人的基本需求（張春興，1994），人須被肯定。文凌的回嘴在抗議夥伴老師否定其存在價值，也在替全班發聲。夥伴老師可以如教學輔導教師的建議，單獨找文凌談談，如文凌不願意，可請文凌信賴的老師予以輔導，輔導的方式可以用蘇格拉底式的對話（林秀珍、徐世豐，2006）。

夥伴老師如果能改善師生關係，國文科教學應可援用教學輔導教師之建議，使成績獲得提升。

參考文獻

林秀珍、徐世豐（2006）。教育的實鏡與實踐。臺北市：師大書苑。

張春興（1991）。教育心理學：三化取向的理論與實踐。臺北市：東華。

賈馥茗（1994）。教育愛的特徵與印證。載於臺北市立美術館（主編），愛與美（頁193-219）。臺北市：臺北市立美術館。

歐陽教（1996）。教育概論。臺北市：師大書苑。

回饋（二）

1. 對於夥伴教師的回饋

(1)瞭解學生學習動機低落、課堂睡覺的原因

夥伴教師應瞭解學生是否因為課程安排（例如：前一節為體育課或是實習課）的緣故，或者是課程內容無法吸引學生，而導致學習狀況不佳。在學生狀況的掌握上，可以找一些較為敢言的學生聊聊，以找出學生學習動機低落、課堂睡覺的原因。

(2)調整上課方式以吸引學生投入課堂活動

國文科對高職生而言容易產生距離，尤其滑世代的年輕學生對於字詞運用已不再錙銖必較，對於探討之乎者也的古文內容興趣缺缺。因此，在教學內容上需要將所教授的內容與時事或生活做某種程度的結合，例如：將〈臺灣通史序〉與臺灣地理、人文的多樣性做結合，提到「顧自海通以來，西力東漸，運會之趨，莫可阻遏。於是而有英人之役，有美船之役，有法軍之役，外交兵禍，相逼而來」時，讓同學們找尋資料，以發現英國、法國對臺

灣的影響，以及理解臺灣歷史與連橫寫作臺灣通史的時代背景。

(3)面對學生儘量減少使用全稱否定的語句

透過選擇性逐字記錄，檢視教師的語言使用習慣是否會造成師生關係的緊張。夥伴教師在課堂中對學生的言語：「許多老師都覺得你們愛唸不唸的，全部在睡覺……」、「不是你們爛，是風評不好！我知道你們都很聰明，所以考前可以自己唸嘛」這樣的全稱否定言語，容易給學生一竿子打翻一船人的感受，這對於認真投入上課的同學而言並不公平。教師應針對表現不良的同學做糾正即可，勿將情緒擴散到指責全班同學。

(4)可善用「開場白」做溝通，使用「我—訊息」來傳達教師情緒

在進行管教之前，教師盡可能給予正向的問候，並將注意焦點放在正向的事務上，例如：「這一學期學校的活動很多，我看到你們的投入感到很驕傲……，我很期待看到你們也投入在國文課裡，這樣可以讓老師幫你們多做一些統測的準備……。」在表達教師的感受與想法時，可以運用「我—訊息」，例如：「我看到部分同學精神不濟，很擔心他們的學習，一直在思考要如何讓他們精神好一些，你們可以給我一些靈感嗎？」透過這樣的方式進行溝通，以期望代替責備，將能使師生互動更加正向。

2. 對教學輔導教師的回饋

(1)協助介入處理夥伴教師與文凌的互動

夥伴老師與文凌因本事件而處於對立情況，可由第三人介入協助處理，例如：由教學輔導老師或導師來與文凌聊聊，並轉達夥伴老師在言語上無心之過的歉意。後續並可安排夥伴老師與文凌的會談，澄清彼此對於此一事件的立場與感受，增進師生之間的體諒與互信。

(2)透過教學觀察，回饋有效教學與班級經營精進策略

此一事件部分起因於學生上課興趣缺缺，教學輔導教師除了給予夥伴教師若干建議之外，可入班實際觀察教學狀況，瞭解夥伴教師教學與班級經營的情形，對照夥伴教師陳述與感受的班級學生學習狀態，針對其教學與班級經營提供具體的再精進建議。

回饋 (三)

對於此事件的處理，下列意見提供參考：

1. 學習成就低落的改善

釐清學習成就低落的原因，才能有效提升學習成就。學習成就低落，與學生學習動機、學習態度、學習方法、教師教材教法與班級經營等密切相關，而且上列諸項因素乃相互關聯，必須綜合考量，其中尤以教材教法與班級經營為要。教材教法是一堂課中的重要設計，而班級經營則可讓教學成效進一步發揮，兩者相輔相成。此外，可以與導師及其他任課教師積極交流，有助於理解與判斷背後可能的原因。

(1) 學習動機：學習動機低落可能會造成學習成就低落，而學習動機高低除與學生過去的學習成就和個人興趣有關之外，教師的教材教法也有所影響。過去的學習成就已無法改變，故應致力於教師的教材教法，例如：將學生感興趣的議題適當地融入課程，或者設計可帶動學生學習熱忱的互動性或操作性教學活動，均可以有效提高其學習興趣，進而提升其學習動機。

(2) 學習態度：教師應展現適宜的班級經營，例如：讓學生清楚瞭解教師的上課規範與要求，並於上課時適當地維持規範；多以正向語詞予以鼓勵，減少負面用語；多方、多元的肯定學生各方面的長處與優點後，再談學生可以再求改進的部分；或者評價學生行為時能就事論事，避免擴大化的指責，亦不宜採用情緒性言詞，而能理性地分析與說理等。總之，適宜的班級經營一方面可以提升學生的學習動機，另一方面也應可以引導學生進行較為理性的思考和反思，從而改善其學習態度，提升學習成就。

(3) 與其他教師討論交流：若班上多數學生學習成就、學習動機低落以及學習態度不佳，而且是各科或多數科目共有的現象，則導師與各任課老師應共同研商與合作。若僅有本科目或少數科目如此，則相關任課教師應調整自己的教材教法與班級經營（至於如何調整之建議如前述，另或可與該科相關資深教師討論）。

2. 學生（包括文凌和其他同學）的輔導

　　由於文凌不認同夥伴老師對班級同學的評價方式與內容，引發其情緒性的反彈與反抗，甚而進一步影響班上的學習氛圍。面對此教學現場的挑戰，建議夥伴老師一方面應找文凌面對面交流與溝通，讓雙方可以互相理解，化解心中的「結」，並能肯定彼此喜愛這班級及其中所有成員的心是一樣的，同時也能確定未來雙方均願意為該班一同努力。另一方面，則建議夥伴老師要找適當機會，在該班課堂上也對全班學生進行誠懇地心靈交流與溝通，化解心結。其實，在當初衝突的現場，師生雙方內心均受到衝擊與傷害。若能藉由誠懇的對話而化解「心結」，則未來師生關係將更為密切與和諧。此外，在夥伴老師與文凌或全班同學進行交流溝通前，建議夥伴老師可先與導師和教學輔導老師先進行交流與討論。

案例 5-2

晚餐時間的髒話衝突事件

關鍵詞：同儕衝突、髒話處置、情緒管理

一、夥伴教師的情境敘述

　　上星期四晚上18：10左右，全班已經吃完晚餐，夥伴教師坐在教室後面的辦公桌整理自己的餐具。此時，外面的洗手臺傳來一位男同學大罵髒話的聲音，之後這位男同學小豪就被其他男同學架離現場，脫離夥伴教師的視線範圍。事出突然，等夥伴教師衝過去洗手臺時，只看到一位女同學小真在哭泣，身邊另一位女同學小寧則嚇到說不出話來。

　　夥伴教師先安撫兩位女同學的情緒，但小真還是一直哭泣。詢問小寧事情是怎麼發生的，小寧說吃完飯後，她們在教室外面的洗手臺清洗餐具，小豪突然生氣地衝過去，先是大力拍打不鏽鋼洗手槽，接著大罵小真：「×！妳剛剛敢罵我髒話！你×的，妳給我說清楚！」本來想拉扯小真，但被其他衝過來的同學拉住，把小豪架離現場。

　　小真後來情緒較穩定了，告訴夥伴教師，17：50左右，同學還在教室後方排隊打飯菜準備吃晚餐，小豪就已經吃完媽媽送來的晚餐，但因為挑食，很多蔬菜都沒吃。小豪插隊想把這些蔬菜當作廚餘倒在空的餐桶餐格中，小寧因為以前有慘痛的經驗，擔心隊伍後面的同學誤把小豪倒掉的蔬菜當作是晚餐的一道配菜，就制止小豪，但小豪不理會勸阻，還跟小寧開玩笑說：「哈哈，妳現在看到我倒廚餘下去，妳不要再撈起來吃耶！笨死了！」小寧不想理他，但排在小寧後面的小真，無意之間說出：「×！我肚子很餓，前面快一點好不好？」小豪當下臉色變了，先走回自己座位。

　　小真和小寧盛完飯後坐在一起用餐，小寧先吃完後去倒廚餘，小豪便在教室後面等小寧，凶巴巴地問小寧，吃飯時是不是和小真一直在罵他？又說剛剛小真罵他髒話還不夠嗎？妳們要罵到什麼時候？接著就發生洗手臺那邊的衝突了。

　　無意間的髒話差點引起肢體衝突，夥伴教師想讓孩子瞭解說髒話的負面影響，幫助他們改掉說髒話的習慣，也想幫助小豪同學做好情緒管理。

二、關鍵人物相關背景描述

　　針對小豪、小寧、小真的背景狀況，茲分別說明如下：

　　1. 小豪：單親家庭，由媽媽和外婆扶養。正常狀況下是個幽默風趣的孩子，但是情緒控制較差。脾氣來時，常常會飆出髒話，做出令大家驚嚇的暴力舉動。

　　2. 小寧：小學六年期間都是小豪的同班同學，和小豪也算熟識，瞭解他的個性。個性沉穩，總能理性分析事情。

　　3. 小真：是小寧現在的好朋友，說髒話已成習慣，髒話「×！」對她來說是無意義的發語詞。

三、關鍵問題

　　學生已經把髒話當作是無意義的發語詞，說髒話時毫無感覺，如何幫助學生意識到說髒話的缺點，並改掉說髒話的壞習慣呢？

四、教學輔導教師的建議和協助

　　針對夥伴教師面臨的問題，提供以下的建議：

　　1. 請同學反思說髒話的必要性

　　當我們告知家長，孩子會說髒話時，家長都會很錯愕，表示家裡沒有人會說髒話。說髒話的起因已經無從得知，我們知道的事實是孩子已經有說髒話的習慣。對有些人來說，說髒話是生氣時宣洩怒氣，讓別人感受到自己霸氣十足，很不好惹；而對其他一些人來說，髒話只是無意義的發語詞。導師應引導學生思考說髒話是否能幫助我們達成目標，以此案例而言，小真的目

標是早點盛到飯，吃完飯後可以跟同學出去打打球，但因為自己無心說出髒話讓小豪誤會，差點導致肢體衝突，後來球也沒打到。而小豪的目的是告訴小真，他不喜歡別人罵他髒話，自己說髒話宣洩了怒氣，但卻失去了友誼。

2. 重申慎選溝通方式的重要性

夥伴教師可以利用品德教育的時間，播放「謹言」相關的影片，引導學生去思考，聽人說話便能知其人內涵。表達情緒的方式有很多，說髒話是不妥當的選擇。

3. 給予適當處分

制定說髒話的罰則，並通知家長。教學輔導教師分享自己的方法，說髒話者一律罰寫「一丈白」，亦即在稿紙正反面寫滿「我○○○不說髒話」，並給家長簽名，藉此予以懲戒。學生在書寫時慢慢靜下心來，反省檢討自己的行為，下次說話時會更注意自己的用詞，幫助學生降低說髒話的頻率。

五、事件結果或心得感想

1. 事件結果

夥伴教師與雙方學生溝通後，小真瞭解說髒話容易遭人誤會，導致衝突，答應自己會留意，也欣然接受老師的處罰，以幫助自己降低說髒話的頻率。小豪也瞭解到自己不喜歡被別人罵髒話，但是自己也罵人髒話的矛盾，同時也認為自己的情緒管理真的需要好好加強，否則一定會影響自己的人際關係。夥伴教師建議小豪用適當的方式宣洩壓力，例如：找朋友、老師、家人聊聊，或是運動打球等。

2. 心得感想

老師在乎的事情，學生就會在乎。老師聽到學生講髒話一定要當場制止，並提醒學生這樣的言行相當不恰當。如果當作沒聽到而不去處理，久而久之，全班說髒話的人一定越來越多。而小豪同學缺乏情緒管理的能力，建議夥伴教師需多加輔導，請小豪要察覺自己的情緒起伏，當察覺自己火氣越來越大時，務必先離開現場，等冷靜些再處理；也必須與家長保持密切的聯絡，並請輔導室進行專業輔導，協助孩子控制自己的情緒。

◆ 案例回饋

回饋 (一)

　　班級是學生在校學習的主要場域，學生每天在學校的教育活動，舉凡課堂學習、清潔打掃、午間用餐、課間遊戲、同儕討論、作業繳交、活動競賽等例行性活動，多數時間都是在班級中度過，學生在此過程中累積經驗，對社會互動或人際溝通知能的提升，有相當大的幫助。

　　不過，班級中的學生來自不同的家庭，彼此間存有明顯的差異，生活在同一個屋簷下，每天密切的進行社會互動，難免會產生摩擦，甚至引發衝突。當衝突發生時，若能針對原因適當處理，將能降低傷害，同時增進學生面對衝突、解決歧見的能力，進而營造溫馨和諧的班級氣氛。本案例中，教師可以採取的做法如下：

　　1. 運用「我—訊息」的溝通方式

　　鼓勵學生明確地表達自己的意見和感受，也就是教導學生能陳述具體的事件內容，表達個人對此事件的感受以及自己的期待。如此，一方面可以讓學生練習自我表達，學習讓對方更瞭解自己的心情和想法；另一方面亦能培養學生同情、同理、理解、關懷與尊重他人的能力，以達到有效的溝通。

　　2. 善用推力來減少學生間的衝突

　　推力是指任何能夠有效讓一般人改變行為的做法，有效利用推力可以發揮很大的力量，對結果產生明顯的影響。案例中，造成雙方衝突的導火線是小豪欲將廚餘倒至空的餐桶中，而促使小真說出髒話。為防止類似情形再發生，可以將餐桶隔開距離或運用標示物（如顏色、貼紙、物品等）來幫助學生辨認。此外，生活中衝突難免，語言可以是催化劑，讓衝突越演越烈，也可以是緩和劑，讓矛盾迎刃而解。若能在平時培養學生能有建設性的傾聽，口說好話、心想好意、身行好事，至少不輕易說出負面語言，將如俗語所說「一個銅板拍不響」，不說壞話，只說好話，衝突自然減少。

　　3. 培養學生第三選擇的能力

　　面對周遭的問題，我們常常會自然地採取以「我」為中心的第一選擇，或囿於特殊因素而採取依照對方意向的第二選擇。不過，平心而論，不論選擇哪一方，都會有人覺得受傷或犧牲，因此兩者都不是最佳的選

擇。心理學家柯維（Stephen R. Covey）所提出的「第三選擇」（The Third Alternative），應該是比較理想的方式。「第三選擇」意指超越你、我，設法找到更高明或更好的方法，讓雙方能在衝突中找到一條出路、一把解決問題的鑰匙。在本案例中，可以讓小真、小寧、小豪三人針對說髒話所導致的肢體衝突事件重新扮演，讓他們覺察可能改變事件結果的各個關鍵點，找出彼此都能接受的反應模式，共同學習成長。

回饋 (二)

　　面對情緒控制較差的學生，老師必須教導他覺察自己情緒的能力，當情緒上升時，試著以別的語詞，例如：Oh, My God，替代髒話字眼，來表達自己的不滿情緒；也會運用「我—訊息」的方式「講道理」，讓對方更清楚瞭解我生氣的原因。

　　老師先將小豪找過來，請他描述並簡要書寫事件始末，由小豪的觀點再次釐清事件的來龍去脈。老師接著告訴他，若聽到別人對自己說髒話，雖然當下很生氣，但是否能緩和一下思緒，或許小真平常就有把髒話當作口頭禪的習慣，可能是一時無心說出口而非針對自己。若當下真的很生氣，可以用「我—訊息」的方式，將發生的事件、自己對事件的感受，以及自己的期待，明確的講出來讓對方知道。老師並將「我—訊息」具體示範給小豪看，比如：「小真，我剛剛到教室前面倒廚餘，聽到你罵髒話要我快一點，這讓我非常生氣，我知道你肚子餓了所以不耐煩，但是希望妳可以用比較尊重的語氣對我說話。」之後請他練習用「我—訊息」表達自己不滿的情緒。此外，要教導他能在情緒高漲時思考其他可以正向解決問題的方式，比如深呼吸，先離開教室到室外走走，和班長、風紀股長陳述，請他們一起協助處理等。若還是覺得憤恨難平，再嘗試到教師辦公室或是輔導室，向班級導師或輔導老師求助，請師長協助化解糾紛，讓當下高漲的情緒有合宜的宣洩、平復管道。另外，小豪插隊、偏食、把不喜歡吃的菜倒掉等，老師也要順帶處理與訓誡一下。

　　接著，老師個別約談小真。由於她經常將髒話掛在嘴邊，這次引發小豪誤會與情緒失控，甚至差一點發生肢體衝突，老師應告誡小真深切檢討與改進。老師並進一步表明，髒話是未經深思、不尊重他人的語言，把它當作口

頭的發語詞或對話的一部分實不可取，也可能引爆人際衝突。若長此以往，一定還會引發更多衝突與誤解，提醒小真要以社會可接受的合宜方式來表達自己的感受。

至於事後的懲戒，因為學生雙方都有說髒話，若按照校規規定可能會受到警告或小過之處分，導師可以給兩位學生一次改過自新之機會。違規說髒話的自述書以及記過單，先壓在導師這邊暫不繳交學務處，日後視兩位學生的表現再做裁奪。若再犯，則將記過單送學務處處置。兩位學生說髒話、情緒衝突的事情，老師也需要當天即時和兩位家長電話聯繫，讓家長瞭解事件發生的經過、老師處理的方式，以及需要家長後續配合之處，希望家長能一同協助。

本案例涉及國中生說髒話的「次級文化」問題，值得教師關注與深究。學生為什麼會講髒話或是粗鄙的言語？是因發洩情緒，或是希望在同儕中展現氣概、取得認同等，原因不一而足。身為班級導師或是科任教師，需要對什麼是「合宜／不合宜的溝通語言」，與學生討論及澄清，告訴學生髒話的字義與隱涉的內涵（比如具有貶抑與壓迫女性的含意），也請同學發表聽到這些話語的想法與感受。最後，期許同學尊重他人，在學校培養良好的修養與氣質，留一些餘地未來給他人探聽。

老師對學生說髒話採用的處罰方式，本案例提出罰寫「我○○○不說髒話」正反兩面稿紙的方式，並要求給家長簽名，偏向屬於練習矯正法之做法。老師亦可改採書寫「名言佳句」方式，發揮正面的教育意涵。此外，罰寫次數也不宜過多，重要的是讓學生瞭解粗鄙言語對人際溝通的負面後果，而願意逐步改變自己日常生活的遣詞用語。某些老師要求說髒話者戴上專屬的「愛心口罩」，或是下課後刷牙以維持「口氣清香」等嫌惡刺激，惟此等管教方式宜在開學之際即告知家長並取得其同意，或由教師說明需要這樣做的理由。當教師重視班上學生的談吐表達方式，亦會即時處置說髒話的學生，也就能適時矯正學生將說髒話視為是群體認同、氣魄展現的偏失。

案例 5-3

同窗造謠嘲諷情何堪

關鍵詞：語言霸凌、特殊學生輔導

一、夥伴教師的情境敘述

　　女學生小梅從國中一年級開始，因為部分學科學習表現始終吃力，明顯跟不上同學，所以抽離到資源班上課，從此飽受同班同學歧視與嘲笑。升上國二，父母親擔憂越來越深難的課程內容，會更讓孩子招架不住，因此讓小梅放學後到補習班，希望藉由多加演練，學業表現能有所提升。

　　但是補習沒多久，小梅就向父母表示很不喜歡去補習班上課。父母不斷追問，小梅總是緊閉雙唇、眼眶泛淚，不肯說明原因。父母擔心小梅的情緒或交友狀況出了問題，因此打過幾次電話，請夥伴老師協助多留意孩子在校與同學、朋友相處是否和諧。其後，夥伴老師便時常觀察她與班上同學的人際互動情形，也經常關心她的生活感受。小梅雖然很不喜歡去補習，卻都還是勉為其難地去上課，父母見她出席率還算正常，也就漸漸沒那麼擔心了。

　　小梅很喜歡和夥伴老師聊天，下課常常會靠近講臺，主動協助夥伴老師收拾課本或麥克風。夥伴老師在她小考偶而有較好的表現時，會適時予以口頭鼓勵。靦腆但熱愛畫畫的小梅若受到夥伴老師的讚美，心情大好，都會在聯絡本上勾勒她最喜歡的動漫人物，成為一幅幅精巧的漫畫，以向夥伴老師表達她最深摯的好感和謝意。

　　最近下課的閒聊中，她才向夥伴老師悠悠的透露，日前不想去補習的原因，其實是因為和她去同一間補習班補習的同班男生小佑，竟然在補習班四處宣傳她在學校上資源班的事情，諷刺她愚笨，補習再多也是浪費錢，讓她

非常擔心又難過。她擔心補習班的同學和老師對她另眼相待，更難過的是竟然被同班同學放話欺負。

　　請問應該如何妥善處理學生對學習能力較弱同學的訕笑歧視？如何導正歪風，讓欺負她的同學知所改過，並且學會尊重小梅呢？

二、關鍵人物相關背景描述

　　以下針對本案例中關鍵人物之背景狀況，提供說明：

　　1. 小梅：國小便有到資源班上課的經驗，父母帶領她以「補充自己不足」的態度正向思考，所處班級氣氛相當友善，所以她從不覺得去資源班上課是見不得人的事。國中繼續上資源班課程後，卻常常被同班同學嘲笑。

　　2. 小梅的父母親：能坦然接受孩子學習能力較弱的事實，然而國中有升學壓力，所以還是對小梅的學習頗感憂心，希望課後補習可以多少強化她英文、數學學習能力上的不足。

　　3. 小佑：來自生活條件優渥的雙薪家庭，從小就上慣了安親班、補習班，個性驕傲，平時喜歡炫耀身上的昂貴行頭，經常放肆批評同學，學業成績表現中上。

三、關鍵問題

　　同班同學小佑在補習班四處放話，告訴他校同學小梅上資源班的事，並且言語諷刺她愚笨，補習只是浪費錢，對學習能力較弱者習慣性的嘲諷謾罵，夥伴教師應該如何解決？

四、教學輔導教師的建議和協助

　　教學輔導教師提醒夥伴教師對於學生同儕間言語中傷事件的調解，可以採取以下處理方式：

　　1. 對中傷他人者，盡可能採取私下晤談方式加以勸導。在得知惡言中傷小梅的人是小佑後，避免在全班面前加以斥責，以免使小梅受辱的事實在大庭廣眾之下公開，受到二度傷害。個別私下晤談時，也避免同時晤談加害人與受害人，以免勾起學生受傷的情緒，使場面失控。

2. 小佑有隨口批評他人的言語習慣，一定也令班上其他同學感到困擾。夥伴老師對小佑實施個別輔導時，要提醒他不能以單一價值評斷同學，應該以多元角度看待他人成就。比如小梅雖然課業上學習能力較弱，但是繪製動漫人物卻是模仿力十足，繪圖張張精彩，藉此提醒小佑關注同學的多元能力，進而懂得肯定欣賞他人。

3. 經常營造正向回饋的互動機會，讓學生彼此表達肯定。例如：校慶快要到了，可以安排學生設計班服，讓小梅出色的繪畫長才獲得展露的機會。教師也可以發下名片卡，要求班上每個同學把握「正面回饋」的書寫原則，寫張小卡片給包含小梅在內的每位設計稿提供者，向這些有才華的設計者表達感謝或讚美，這類「讚美練習」將有助於促進班級和諧氣氛。

五、事件結果或心得感想

言語暴力的發生通常都有必須矯正的扭曲價值觀。處理程序上宜多考量當事人的感受，留意處理程序的細節和情緒，以減少再次加害的可能。相信夥伴教師開朗包容的身教、溫暖的人格特質，一定可以成為學生良好的行為典範。

◆ 案例回饋

回饋 (一)

中學階段的青少年因為價值判斷不成熟，很容易把弱勢的孩子當成霸凌的對象，藉此製造自己的優勢，獲得成就感，或者藉由霸凌行為發洩不滿情緒，達成心理上的自我平衡。

在這個案例中，小梅在學習方面的弱勢，成了小佑嘲笑的目標，帶有歧視的言語霸凌，對小梅造成心理傷害，令人不捨。幸運的是，小梅有父母的關愛，有導師從旁協助，這些正向的力量使傷害得有停損點。另一方面，目前對小梅的言語攻擊，僅是小佑個人的行為，在班級中尚未明顯出現認同小佑的集體霸凌情事，因此在處理上以個別輔導為主，教學輔導老師建議採取私下晤談輔導方式十分正確。對於害羞內向的小梅而言，當然不願意讓自己的學習問題成為眾人的焦點，對驕傲且有言語攻擊行為的小佑來說，如果在

同班同學面前受到公開責難與批評，很可能會對小梅做出更強烈的反擊，徒生反效果，也無法改正他的錯誤心態與行為。

對於小佑的輔導，最好的方式是從正面肯定開始。老師若能先具體提出小佑值得肯定的優點，比較容易打開他的心房。當老師能從同理心的角度切入，理解他行為偏頗之處，再提醒他對小梅言語攻擊所造成的傷害，這樣的輔導方式，對小佑而言，就不是責備，而是善意的提醒，小佑能接受，也就容易改變他的行為。

至於對小梅的輔導，教學輔導老師提供了非常好的建議，能不著痕跡地提供機會，讓小梅自然展露繪圖方面的長才，獲得同儕肯定，加上老師公開的讚揚，不但直接強化小梅的自信，也間接讓小佑看到多元學習的價值。這會比在小佑面前比較兩人繪畫能力高下，讓小佑自慚形穢，更有教育意義。

在學校方面，資源班的成立是為了對學習有落差的學生進行補救教學，但是在校園裡難免會造成貼標籤的效應。尤其在中學階段，學科成績的競爭與小學階段不同，在升學主義掛帥的學習環境中，功課的好壞也可能成為人際關係好壞的指標。要導正這種功課決定一切的觀念，不是道德勸說即可，老師要能對每個孩子有同樣的關愛，讓孩子不只重視學科成績，也能肯定多元學習成就，這樣才能讓資源班學生受到尊重，而非被霸凌。

從這個案例引伸出另一個值得注意的輔導重點是集體霸凌。發生班級集體霸凌事件時，除了主要霸凌者之外，會有「跟班」幫腔。這些次要霸凌者有可能也是弱勢之一，為求避免自己被當成霸凌對象，於是加入霸凌他人的「強者」行列，於是霸凌行為從個人擴散為集體，導致更嚴重的身心傷害。面對這樣的班級集體霸凌，老師除了要導正不當的言語或肢體霸凌，對於那些實為弱勢、卻淪為霸凌他人者的孩子，也要花時間一一瞭解背景，釐清霸凌他人的原因，給予心理建設與勸導。

回饋 (二)

所謂霸凌，是指由於雙方的不對等因素，使欺負者以一種長時間且惡意的行為，讓遭欺負者不敢或無法有效反抗，進而造成其身心受到壓迫，甚至因而產生憤怒、痛苦、羞恥、尷尬、恐懼及憂鬱等負面感受。

案例中提到小佑對同班同學小梅的態度：「在補習班四處宣傳她在學校

上資源班的事情，諷刺她愚笨，補習再多也是浪費錢」，因而使小梅「非常擔心又難過」，再透過小梅「擔心補習班的同學和老師對她另眼相待，更難過的是竟然被同班同學放話欺負」，因此「向父母表示很不喜歡去補習班上課」，由此可以確認小佑利用小梅的生活狀態進行語言上的嘲笑與批評，進而使小梅感到痛苦、恐懼。但是讓人疑惑的是：同為國二生，並無所謂不對等因素關係，為何小佑能以居高臨下之姿「霸凌」同班同學小梅？

　　追溯情境脈絡，由「小梅從國中一年級開始，因為部分學科學習表現始終吃力，明顯跟不上同學，所以抽離到資源班上課，從此飽受同班同學歧視與嘲笑」可以看出，小佑在補習班散布小梅的學習狀況，與班上同學歧視與嘲笑小梅的行為並未適時被制止以及輔導有關。小梅之所以被同學歧視與嘲笑，是因為她「學科學習表現跟不上」而被安排到「資源班」進行補救教學。從這兩部分看來，此案例看似是一件小佑與小梅同班同學間的言語霸凌行為，實則是班上同學對小梅成績不佳所產生的歧視及排擠行為，而小佑在補習班的行為便成為整個霸凌問題浮上檯面的導火線。

　　由於同學們歧視小梅的起因是小梅學科學習能力較弱、進入資源班，依我之見，此案例的處理關鍵應該是讓學生明白每個人的學習能力強弱本有差異，而且所謂的學習並不限於學科部分，還包含生活能力、技藝能力、處事能力等。因此，若能在課程討論設計上及班級事務工作分配上，使學生體會到「人各有其才，各有其智」，學會「欣賞別人，肯定自己」，當可使學生明白單以學科學習表現看待同學容易有所偏頗。

　　當事人小梅雖然性情善良，卻因為缺乏肯定與鼓勵，導致自信低落、性格怯懦。夥伴教師發現小梅在課業成績表現外的才能，並且欣賞、肯定之，如果能進一步透過學生同儕間的互動，找班上明理懂事的學生擔任小幫手，帶領小梅走出怯懦、建立自信，讓同學發現小梅的長才，這比老師獨自強調小梅的才能，更能引發同學對小梅的肯定與認同。

　　反觀小佑，研究顯示霸凌者本身，尤其是孩子，對於欺負他人的行為多不自覺或不明就裡，有時則是因為「別人也這樣說、這樣做」使然。但研究也曾發現，霸凌者係因為壓力導致內心鬱積的情感異常強大，使其不自覺地出現霸凌他人的行為。因此，除了藉由師生溝通使小佑瞭解言語霸凌的傷害性之外，也讓他明白霸凌者本身其實是一個在人際處理議題上的弱者。如果

想進一步瞭解小佑此行為表現背後的原因，邀請小佑家長進行親師會談有其必要性。透過原生家庭的背景分析，瞭解小佑在家的言行狀況以及家長的教育態度，也可以透過家庭幫助小佑改變習氣驕縱、言談多批評詞語等行為。

所謂「孩子若生活於嘲笑中，他學會害羞」、「孩子若生活於批評中，他學會譴責」。青春期是一個從深處澈底改變、重組的階段，也是處於自我認同及角色認同的階段。在這期間，沒有人不曾由於人際社交互動技巧、社會批判素養等尚未成熟，為了獲得同儕、團體的認同和地位，而表現出某種惡的行為。昔日視之為狂飆期的惡作劇，今日有了一個專有名詞——霸凌。原來，在青春期時所經歷的每一次改變與重組都是惡火試煉。幸運者，走過惡火，看著曾被烈焰紋身的印記，一一細數著，笑說自己是重生的鳳凰。至於那些無法順利走過的年輕生命呢？此案例使身為中學教育工作者的自己更為惕勵。

回饋 (三)

小梅在國小時期與全班同學相處融洽，再加上父母親以正向態度面對小梅在學習上的落後，讓小梅覺得去資源班上課是扶助自己的弱點，沒有什麼不好。上了國中之後，由於班級成員改變，小梅又比較文靜、不善與人交談互動，到資源班上課成了以成績掛帥、只看外表同學的笑柄，小佑甚至在補習班大放厥詞，嘲笑小梅資質愚鈍，怎麼補習也沒有用，永遠都無法學會，讓小梅相當難過沮喪。

整個事件的處理與輔導，建議導師先釐清小梅在班上的人際相處狀況。青春期的孩子通常會選擇和同儕相處，小梅在下課時間喜歡和導師聊天，似乎有些不尋常。小梅遭到班上同學以及小佑嘲笑，可能有兩種狀況：其一是同學與小梅不熟，聽到偏見之言，以訛傳訛所造成的誤會。導師可以觀察並找出在班上有影響力的學生，私下勸導。其二是在此事件前，小梅曾經和小佑有過衝突，則須從衝突點先做處理。

對中傷他人者做私下晤談是明智之舉。晤談時，先肯定小佑的具體優點，例如可以說：「小佑，你有很多優點，幽默風趣，籃球又打得好。但是，說小梅的壞話就是缺點了。說別人壞話，對自己沒有好處，損人不利己啊！」另外，也可以觀察小佑的好友群中有沒有成績中下者，若有，便是一

個討論契機，可以引導小佑思考這些好友雖然成績不佳，但也一樣有許多優點，可以是小佑的朋友。讓小佑試著去思考，真正認識一個人，才能瞭解其優缺點。若根本沒有機會去認識同學，只是看到表面，很容易產生傷害人的誤解。

　　導師也可以利用「我—訊息」的傳遞，讓小佑瞭解小梅的感受，請小梅寫下自己對於整個事件的感受，並讀給小佑聽，希望小佑能夠同理小梅的感受，進一步學習尊重個別差異以及尊重各種不同的狀況。

　　在和小佑晤談時，導師應避免將小佑與小梅兩人進行比較，例如：指出小梅的美術能力更勝小佑一籌，小佑心裡一定不舒服，甚至會產生恨意、加重霸凌，無助於兩人關係的修補。導師和小佑晤談時，重點是引導小佑去尊重每個人的異同，欣賞每個人在不同領域的成就。導師也可以提醒小佑注意自己的言詞，說話需要負責任，謾罵侮辱的言詞是有法律責任的。

　　在和小梅與小佑兩位當事人討論之後，導師最後可以向同班學生說明資源班的正面性。當學生意識到自己學業成績低落，除了檢討自己的學習態度和課後複習的時間分配外，積極尋找可以協助的資源是很值得稱讚的，藉此亦可改善同學對資源班同學的看法。

第六篇

親師座談與溝通

令人焦慮不安的家長日

關鍵詞：親師座談、親師溝通、升學輔導、新進教師輔導

一、夥伴教師的情境敘述

藍老師在國中任教七年，104年考進本校高中部，隨即擔任高一導師。高一上學期的家長日在9月中旬舉行。通常第一次家長日時，家長出席率很高，對導師充滿好奇與期待。對教師而言，則關乎導師給家長的初次印象，具有關鍵性的影響。藍老師對於家長日的準備有些不知所措，一方面因為自己對學生的認識不深，二方面對學校的制度和作為也所知有限，頗為擔心無法回答家長的提問，讓家長產生不信任感。

本校學生學業成就較高，家長通常對子女寄予較高的期望，也對教師有較嚴謹的評估。學生以優異的成績進入高中，但進入本校之後，一方面課程加深，另方面在同儕激烈競爭之下，學生的表現並不一定像國中這麼突出；再加上本校一向以民主開放的自由學風著稱，課外活動頻繁，學生花在課業的時間減少，學業成就往往更不如國中。面對高中處於叛逆期的子女，許多父母開始焦慮，並發生親子衝突。在此情形下，導師要如何在家長日適時提供建議或協助，安定親子關係，對於初任高中教職的藍老師而言，面臨嚴峻的挑戰。

此外，許多家長希望在家長日獲得有用的資訊，以協助子女適應高中生活，並且能與子女共同成長。然而，一般家長對高中生態不甚清楚，對朝令夕改的升學制度也一知半解，導師有義務向家長說明清楚高中學習的藍圖，讓父母瞭解高中學習歷程的轉變，以期獲得家長的信任和支持。藍老師對要做這樣的說明，內心也充滿焦慮與不安。

二、關鍵人物相關背景描述

　　1. 初任高中教職的藍老師隨即擔任高一導師，必須精進課程教學的專業，及早適應新學校的生態，又要面對對子女期望頗高、對導師期盼殷切的家長，對於第一次家長日的準備有些不知所措。

　　2. 家長面對高中叛逆期的子女，難免產生親子衝突，對朝令夕改的升學制度也因一知半解而多有焦慮，希望得到導師的協助與說明。

三、關鍵問題

　　1. 新進初任導師如何在家長日做好準備？
　　2. 家長日當天有哪些注意事項呢？

四、教學輔導教師的建議和協助

　　教學輔導教師將自己籌備家長日的經驗和資料，與藍老師分享：

　　1. 家長日可以提供的訊息，建議包括：(1)生活藍圖；(2)學生概況（座位表、幹部名單、小老師名單）；(3)社團活動概況說明；(4)團體生活公約；(5)學校重要行事曆；(6)班費收支情形；(7)班級課表及作息時間；(8)導師聯絡方式與晤談時間；(9)導師班級經營及教育理念；(10)時間管理；(11)高中學習生活備忘錄；(12)家長配合事項。

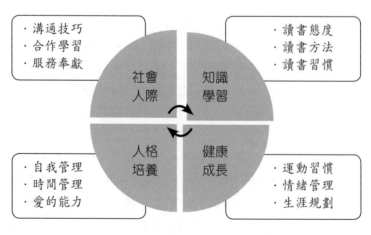

生活藍圖

2. 家長日可準備的其他資料

(1) 高中幹部守則。

(2) 時間管理資訊,例如:「榜首不願公開的時間分配術」(《今周刊》,2013.9.13)

(3) 家長會回饋表:

學生姓名:＿＿＿＿＿＿＿＿＿＿　　家長姓名:＿＿＿＿＿＿＿＿＿＿

(1) 請簡單描述您小孩的特色:＿＿＿＿＿＿＿＿＿＿＿＿＿＿＿＿＿

(2) 您的子女需要哪些協助?＿＿＿＿＿＿＿＿＿＿＿＿＿＿＿＿＿＿＿

(3) 您可提供哪些人力資源協助班級事務?

　　□專業(生活)經驗分享

　　□戶外活動安排參觀訪問

　　□家長聯絡網建置

　　□其他:＿＿＿＿＿＿＿＿＿＿＿＿＿＿＿＿＿＿

(4) 您可提供哪些其他資源協助班級事務?＿＿＿＿＿＿＿＿＿＿＿＿＿

(5) 您對今日家長會的回饋意見及其他建議:

五、事件結果或心得感想

1. 事件最後的結果

藍老師接納教學輔導教師的建議,並參考所提供的表單,編製自己班級的資料,在家長日當天清楚說明自己的班級經營理念。因為藍老師的熱忱與活力,頗能獲得家長的認同。當天家長也提出一些善意的建議,以及希望學校及導師協助的事項,導師將其做成紀錄,送交學務處彙整後作為參考。

此次家長日的經驗讓藍老師有所成長,也體認到家長對學生及導師的期待。因此,她希望教學輔導教師能繼續提供經驗,以便迎接更多的挑戰。

2. 教學輔導教師的心得感想

本校學生大多天真善良、活潑可愛，大家都很努力為班級爭取榮譽，所以要給他們多加鼓勵。家長一定明顯察覺到孩子在本校學習的變化，有些人變得成熟懂事、自律自主，有些人變得我行我素、散漫頹廢。不管是正向或負向的改變，這就是所謂「成長」，都是青春期必經的過程，家長不必太擔心。孩子只是慢慢在調整適應生活的腳步，他們的可塑性和適應力是無可限量的，凡走過必留下痕跡，他們的生命絕不會留白。

為了促進親師溝通，以及更瞭解孩子們的需求，可以運用多種管道進行親師溝通。例如：請家長寫給導師的一封信，以作為班級經營的參考。此份信函可抵免學生週記一篇，以鼓勵家長踴躍書寫。

◆ 案例回饋

回饋 (一)

家長對甫升高一的孩子，通常有較深的期許，並希望和老師保持密切聯繫，以掌握孩子交友、課業等狀況，因此期初家長日的出席率通常很高。導師除了在當天說明班級經營理念外，還要和家長好好溝通「高中自主性」的觀念，引導家長接受孩子漸漸長大的事實，並在收放之間減少管教的摩擦。分享親子溝通技巧時，可利用文章共讀開啟話題。

案例中藍老師面臨的關鍵問題，只要事前準備越充足，當天的突發狀況就會越少。而在家長日前一天，利用手機簡訊邀請家長參加，更能使家長感受教師帶班的熱忱。至於家長日前的準備工作以及家長日當天的注意事項，分述如下：

1. 家長日前的準備工作

(1)設計問卷，瞭解家長問題

家長日前可先設計問卷，瞭解家長想討論瞭解的問題。問卷內容可包含若干開放式問題，例如：對班務的建議、對校方的建議、學生學習型態、家庭教養方式、學生目前適應情形、需特別注意的健康問題、對孩子的期許等。透過家長的回覆，可初步瞭解家長重視的問題或面向，也便於提早準備家長日當天的討論題綱。

(2)邀請科任老師參與

高中家長日當天，除導師外，學校通常會安排若干科目之科任老師跑班，說明該科學年教學計畫。在家長日前，導師可先設計制式表格，商請科任老師繕寫或提供教學計畫，內容包含教學目標、教學計畫、對學生的期許、學習方法、評量方式等。在蒐集齊全之後，統一印製，並在家長日當天請學生協助發放，讓家長在聽取科任老師說明時，也能參照手邊資料，瞭解學生升上高中後應調整的讀書心態與方法，而不至於有不切實際的期待與失落，或者一廂情願的將國中學習模式套用在高中課程上。

(3)製作簡報，並提供親職教育講座訊息

課業、社團、感情是高中學生校園生活的三大主軸。教師在課業方面，可製作PPT大致說明學校一般課程或特色課程開設的時間、目的，以及各科平常小考的頻率，使家長不至於在沒有聯絡簿的狀況下，對孩子的學習一無所知。在社團方面，則可以利用自身對於學校社團的瞭解，提醒家長哪些社團會占用較多課餘時間，讓家長返家後和孩子討論，衡量自身學習狀況，進行選擇或有效的時間分配。最後，在感情方面，鑒於友情、愛情是此階段很重要的課題，可利用文章共讀，讓家長先瞭解導師的想法。若學校有相關親職講座，亦可在家長日推薦家長參加，多方利用資源，和孩子共同成長，而非將管教權責全部交給教師。

(4)班級費用的說明表格

每班班費的用途與管理方法不盡相同，尤其各科所購買的試卷、書籍，乃至於班服製作的收費等，導師在家長日前應請總務印製帳目，以清楚說明班費收支情形與方式。例如：說明各科所購買的試卷、書籍，係由各科小老師代收，並直接交付書商，班服費用則由總務統一收付等，並附上收據供家長參考，以知悉目前的班費收支明細。

2. 家長日當天需要注意的事項

(1)打掃、美化教學環境

事先請全班學生製作個人立牌黏貼在桌面上，並請學生在黑板上畫出座位表，家長來到教室時便能依照學生座位入席。另外請三、四位學生協助會議紀錄、招待家長、發放資料等，在家長日當天流程開始前，正向肯定這些

同學的付出。

(2)說明流程與基本事項

在座談開始時，先簡單說明流程，讓與會家長清楚知道流程與時間，順著導師安排的流程進行，才不會出現與題綱不相關的問題，造成座談焦點模糊或混亂。接著要說明班級基本事項，例如：班經理念、導師聯絡方式、班級費用收支、學校重要活動、段考時間，以及如何利用網路系統查詢學生出缺席、成績、獎懲等，其後才進行問題回覆、文章共讀、家長會代表遴選、臨時動議等。

(3)和導師聯繫的方式

家長通常會要求導師提供聯絡方式，導師可自行決定是否只留校內分機或是私人電話號碼。目前多數家長傾向以Line等通訊軟體和老師聯繫，因此導師應事先向家長說明可回覆的時間，以免因延遲回覆而造成雙方誤會。

另外，有些班級會成立班級群組（Facebook或是Line），導師可考量自己班級經營的需要，若認為群組利於周知訊息，則可成立家長群組；若考慮學生隱私，則毋須成立群組，可建議家長個別詢問，提供個別溝通的管道。

教學輔導教師的回應甚為詳盡，建議案例中的藍老師可和同校教師多請益，以降低自身焦慮。若能融合各資深老師的優點，即能漸漸發展出自己獨一無二的風格。只要用心，家長一定能感受到，也能在磨合期後慢慢習慣老師的帶班風格。

回饋 (二)

從教學輔導教師的建議中，可以看出其擁有豐富的經驗與樂於幫助後進的熱忱。建議的面向相當廣泛且實用，有機會向其請益實在是一大福氣。以下就兩方面提供若干回應：

1. 家長日前的準備

高一新生家長日是導師第一次與家長見面，因此教學輔導教師建議藍老師藉此機會向家長說明班級經營與教育理念，這是值得肯定的做法。事先讓家長瞭解並認同導師的理念，將有助於日後的互動。再者，導師經過新生訓

練，以及兩到三週的觀察，對班級學生的成績、個性、上課態度、人際互動等都已經足以抓到大方向，因此在說明班級經營與教育理念時，也可指出對本班學生的嘉勉與期許，讓家長一起協助學生成長。

此外，學生剛邁入新的學習階段，家長可能也是初次有孩子升上高中，尚無法體會國、高中生活的不同，因此導師也需要向家長強調高中和國中的差異，讓家長瞭解高中生活與步調，以協助學生儘快適應。教學輔導教師建議藍老師提供生活藍圖、社團活動概況等，向家長說明高中課業的質或量都比國中高出許多，社團活動也較豐富多元，同時發展良好的人際關係與強健的體魄更是不可或缺，因此學生需要更加善用時間，更能自律，學習適當拿捏分寸，讓自己成為體貼包容、認真負責、活潑健康、動靜皆宜的人，藉此進一步深入闡述團體生活公約、重要行事曆、課表及作息時間、時間管理、家長配合事項等層面。

教學輔導教師提及的層面已經相當廣泛，但家長日當天家長的提問可能包羅萬象，因此建議藍老師可以再多針對高中成績考查辦法及升學管道兩方面進行瞭解。雖然學生才剛進入高中，離升學還有一大段距離，教務處也會宣導這兩方面的訊息，但這卻是高中與國中最不同的地方，並且與學生未來的生涯發展密切相關，因此建議藍老師也能事先準備，向家長強調必修、選修、核心課程學分，以及補考、重補修、重讀等相關規定，同時簡略介紹未來升學管道，學測與指考的差別。其中繁星推薦此一管道，因為要比在校成績，因此藍老師可多提醒有意循繁星推薦方式升學的學生及家長，必須從高一就好好把握。

再者，為了降低家長日的緊張感，提升導師對同學的認知與家長對導師的認同，建議藍老師在開學之初，就可以藉由「給家長（學生）的一封信」說明很高興能和學生與家長結緣，告知方便與家長聯絡的方式與時間，同時先概略陳述班級經營理念，以及對同學課業、升學或品格的期許，並請家長（學生）寫下孩子（自我）的特色與需要協助之處（參見章末附件：我的個人資料）。如果時間允許，可以在家長日前打電話給每位學生家長；如果時間有限，則與較注重課業表現，或者上課較好動、需要叮嚀的學生家長先行聯絡。先花3～5分鐘聯絡交談，並以問候與知悉家長所寫內容為主，不對同學做任何評價，如此對進一步建立良好關係相當有助益。

在學校發下家長日參與調查表時，藍老師可以附上調查問卷，讓家長勾選家長日最想得知哪些訊息？是否有意願協助班級事務，如總務、家長代表等？是否有意願幫助班上經濟較困難的同學，讓其免交班費？是否有要請教科任老師之事宜？是否有其他建議等？如此一來，導師在家長日之前便能針對多數家長關心的議題進行準備，更切合家長的需求，同時也能事先瞭解家長的疑問，先想好回應之道。

其實，每個學校都有許多像這位教學輔導老師這麼熱心的教師，只要勇於請教，前輩們都不吝指教，因此新進老師千萬不可因為環境陌生而孤軍奮戰，必須修正心態，只要遇到不明白之處，就厚著臉皮勇敢多問，如此一定可以在這些前輩身上挖到許多寶。綜合前輩們的經驗，歸納整理出適合自我風格的做法，然後將家長日當天要向家長說明的事項事先做成書面資料甚至簡報。只要盡力做好周全準備，便會大大降低需要臨場反應的機率與不安定感，家長日當天便可更自在、自信、從容的面對家長，也較能獲得家長的肯定與支持。

2. 家長日當天的注意事項

(1)營造良好的氣氛

家長日當天，放學前叮嚀每位學生特別檢查自己的物品是否擺放整齊？座位是否保持乾淨？桌椅是否排列整齊？這些事項雖是平日就要做好的，但在特殊的日子還是多加叮嚀，讓同學學習在特別的日子要比平日更用心。其次，導師可再委請兩位學生協助整理環境，將雜物擺放整齊，並特別注意細微處的整潔，然後在同學桌上放置「○○家長」的立牌，以便讓服務同學順利引導家長就座。接著，將家長日的書面資料裝訂好，連同原子筆放置於每張座位上，並在黑板上畫些歡迎家長蒞臨的圖畫。

將事先準備好的簡報檔開啟，並用班級電腦循環播放輕音樂與同學照片，讓早到的家長聆賞與觀看。同時，也要將印有學生座號姓名及簽到欄位的家長簽到表放置於入口，事後便能確知哪位學生的家長出席家長日，哪些沒有前來。對於沒有前來的家長，隔天須將書面資料交由學生帶回。

(2)規劃時間並執行

各校家長日的時間長短不一，無論時間多長，導師皆須將時間做好規劃

並確實執行，才能顧及各方面的需求。若以兩個小時且任課教師群不進班說明教學計畫為例，建議導師將時間分成導師說明時間、共同討論時間、個別談話時間三等分（如果任課教師群必須進班說明教學計畫時，則建議將時間分成導師說明時間、任課教師群說明時間、共同討論時間、個別談話時間四等分）。

①導師說明時間：前40分鐘由導師說明進行流程與時間後，針對班級經營、教學理念、高中生活藍圖、國高中生活差異、重要行事曆以及學生須注意事項進行闡述。

②共同討論時間：中間40分鐘進行總務家長與家長代表之選舉，之後回應家長所提攸關全班性之問題。因為每個學生都不同，且為了保護隱私，共同討論時間不談論學生個別的問題。

③個別談話時間：最後40分鐘時，導師須先告知家長若今天來不及個別談話，日後亦可隨時於彼此方便晤談的時間，透過方便的聯絡方式進行聯繫。之後才開始與家長個別聊其子女的學習或行為狀況，其他家長也可以利用這段時間互相認識，而有事的家長則可以先行離開。

(3)家長日的後續追蹤

導師宜請同學將書面資料帶回給未參加的家長，並儘量於空堂時撥電話與家長聯繫。各處室針對家長的提問給予回應後，應轉知全班家長。

(4)其他注意事項

① 重申導師職責，請家長體諒

導師說明時間的最後，宜向家長強調為了讓班級有良好的秩序與學習環境，身為導師有時必須責無旁貸地扮演「壞人」，適時提點、處罰同學，甚至可能必須記同學警告，希望家長能理解與體諒，但也聲明導師的處罰是對事不對人。再者，面對情竇初開的高中生，也需強調兩性相處需「發乎情，止乎禮」，無論時間、地點，一旦發生疑似逾越分際之情事，導師依法有責任於24小時之內完成113社政通報及校安通報，並由性別平等教育委員進行後續處理流程，因此請家長協助叮嚀孩子務必把持分際。

教育孩子時，最怕家長雙方處置方式不同調，或是家長與學校老師不同步。孩子是聰明的，他們懂得察言觀色，找比較好講話的一方或傾向袒護自

己的一方著手，甚至避重就輕只陳述對自己有利的地方。因此若學生同儕之間或師生之間發生任何衝突，煩請家長先與導師聯繫以瞭解事件始末，如此較能觀照全貌而避免誤會。

導師也要強調，愛是右手，紀律就是左手，教養的過程中缺一不可。唯有出於愛的紀律，親師攜手合作，站在同一陣線教育孩子，才能改善孩子尚未矯正的陋習。孩子是可以要求的，我們都希望孩子擁有自律、體貼、勇於承擔的態度，能知錯改過，讓自己變得更好，獲得真正的自由，踏入社會後成為能獨當一面的佼佼者。

② 婉拒不合理之要求

當家長的要求超出合理範圍時，導師不能全盤接受，必須當面婉拒。例如：學校或導師沒有要求統一代管手機，但家長為了與孩子保持良好溝通、又擔心孩子上課時間看手機而分心，因此要求導師在校期間代為保管，放學再交還同學，導師對此要求可以回答要這樣做也可以，但若導師出差或於他處上課，無法於放學時交還學生，將造成不便；再者，有些智慧型手機所費不貲，導師室並無錄影設備，櫃子也無法上鎖，萬一手機遭竊也將使事情更加棘手，所以還是要讓孩子養成自律習慣，自行保管比較適當。

③ 一時間無法回答可日後回覆

雖然在家長日前儘量做好準備，但有時家長的提問仍需再與其他處室確認。此時便可告訴家長此問題屬於某某處室負責，導師會轉達，待相關處室回應後再行告知。若是礙於經驗不足而一時無法回答時，也可告訴家長這件事得再好好思考，待想出兩全其美的辦法後會再回應，或者說：「抱歉，這部分我之前沒注意到，是我有待學習的部分，會後我會瞭解清楚後再回應各位。」總之，只要秉持誠懇認真的態度面對家長，家長也都能體諒與接受，所以不用太過緊張而不知所措。

附件　我的個人資料表

人生路上的每一個抉擇都是未知數，都蘊藏著風險，但若能讓「目標」點亮心中的燈，揚起「自信」的帆，讓「勇氣」的風帶著我們向前航行，相信就能乘風破浪，航向成功的彼岸。

相片

座號：	姓名：	生日： 　年　月　日	星座：	血型：	畢業國中：

健康狀況 （有無特殊疾病）：	FB帳號：	父或母是否爲外籍配偶： □是（○父　○母） □否

住址：	家中電話： 自己手機：

居住狀況：○與父母同住　○單親（□父或□母）　○隔代教養　○其他
家中經濟：○富裕　○小康　○清寒　○低收入戶　○特殊情形：

兄弟姊妹姓名： 就讀學校：	1.	2.	3.	4.
我的好朋友： 就讀學校：	1.	2.	3.	4.

運動專長：○籃球　○排球　○桌球　○撞球　○游泳　○田徑　○其他：
興趣或才藝：○唱歌　○舞蹈　○作文　○繪畫　○書法　○電腦　○攝影
　　　　　　○樂器　○演說　○其他：

我國中時的得獎紀錄（校內）：
　　　　　　　　　（校外）：

擔任幹部：	一上：	一下：	二上：	二下：	三上：	三下：
擔任小老師	一上：	一下：	二上：	二下：	三上：	三下：

高中我想擔任的幹部或小老師： （可填多項）	最擅長的科目： 最頭痛的科目：
和國中同學相處的情形：	最驕傲的一件事：
最難過的一件事：	最介意別人提及： 因為：
你覺得自己是什麼樣個性的人，有何優點或缺點？（請寫出3～5項個人特質）	
對高中有什麼期待？對於這些期待有幾分把握能實現：	
在目前的人生規劃中，希望自己未來從事的職業是：（不限1項）	

親愛的家長您好：

　　我是您孩子的導師，恭喜您的孩子順利進入高一。青少年是孩子成長中非常重要的階段，因此盼望能和您一起攜手合作、扶持孩子，讓他及早適應高中生活。麻煩您填寫下列問題，使我能更瞭解您的孩子，並給予適當的協助。希望沒有耽誤您太多時間，謝謝您的協助與配合。
敬祝
　　安　康

導師的聯絡方式：
e-mail：
手機：
電話：　　　　　　　　轉

導師　○○○敬上

父親姓名：	年齡：	學歷：	服務機關：	職稱：	公司電話： 父親手機：
母親姓名：	年齡：	學歷：	服務機關：	職稱：	公司電話： 母親手機：
孩子的優點：					
孩子的缺點：					
孩子的個性：					
孩子最讓您擔心的是：					
孩子最讓您欣賞的是：					

您對孩子的期望是：
請描述孩子的交友情形：
孩子平日在家與您的互動狀況是：
孩子在個性及生活習慣上，您希望導師能協助的有：
您是否還有需要補充的，請填寫在下面空白處：

若有不便於此告知之事項，歡迎寫e-mail或致電聯繫，謝謝！

父親簽名：

母親簽名：

案例 6-2

學校日應接不暇的家長提議

關鍵詞：親師座談、親師溝通、即時通訊軟體

一、夥伴教師的情境敘述

　　夥伴教師甜甜老師任教於市中心一所額滿學校，今年擔任國一新生的班導師。家長背景多為經商，其他尚有附近醫院之醫護人員，家境多半優渥，對孩子未來的生涯規劃，不少有安排出國的打算。

　　這學期學校在開學後第二週辦理學校日。當天從9：30到10：20，由任課老師入班進行教學報告，甜甜老師站在教室後方一同聽取。到了10：22，甜甜老師準備走到前方講臺開始自我介紹與說明班務時，王媽媽舉手並拿出手機說：「老師，不好意思，林媽媽不能前來，但她用Line跟我說她想詢問的事情，你現在可以看一下嗎？」甜甜老師讓其他家長等待，看了大約3分鐘Line裡的三點內容後，說：「好，這位沒有出席的家長提出一些建議，我們待會可以討論看看」。

　　會議繼續進行至11：52進入最後的臨時動議階段，小毛媽媽舉手發言：「我有以下三點，希望能提出討論：(1)為了提高班上讀書成效與成績，是不是可以請老師公布段考排名？(2)要不要用班費訂購學生版的英文報紙，以提升外語能力？(3)今天與會的家長，要不要互相加入Line群組，方便日後重要事項的聯繫？」甜甜老師說：「嗯，好，那我們開完會之後大家再討論看看。」

　　12：00鐘聲響起散會。甜甜老師走向王媽媽說：「王媽媽你好，因為林媽媽沒有來，所以她提到考試時老師都不在、班上很吵的問題，我再私下

跟她聯繫，瞭解是什麼情況。其他個別的問題，我也都傾向私下再親自跟林媽媽聊。」

二、關鍵人物相關背景描述

1. 甜甜老師

教學生涯第三年，擔任導師第二年，是個充滿熱忱的新進教師。第一年接了七年級班，第二年沒有繼續帶上去，而是另外再新接一個七年級導師班。因此甜甜老師雖然擔任導師兩年，但都是擔任七年級導師。

2. 王媽媽、林媽媽

兩人都是全職媽媽，雙方彼此友好，平日互動頻繁，小孩在小學三、四年級同班。生活重心都以照顧孩子為主，先生擔任主管級職務。

3. 小毛媽媽

全職媽媽，先生是小兒科開業醫師兼院長。家中共有三個小孩，老大就讀明星高中二年級，班上小孩排行第二，媽媽對其課業表現要求相當高。

4. 學校日時間安排

上午9：30～10：20任課老師（包括國、英、數、生物）進入甜甜老師導師班，輪流進行各科教學報告，10：20導師自我介紹與說明班務，10：50～11：15家長們自我介紹，11：15～11：30推選家長代表、總務代表、活動代表，11：30～11：50家長代表主持會議，11：50～12：00臨時動議，12：00散會。

三、關鍵問題

1. 在會議上，王媽媽用手機提出林媽媽的Line內容，老師該怎麼應對較好？後續還要怎麼處理或收尾？是否可以因為林媽媽未出席，所以暫時不予理會？

2. 小毛媽媽在家長會接近散會時，一次提了三個問題，因為時間關係，與會家長當下沒有人回應，事後小毛媽媽以聯絡簿方式再次表達會議中的訴求，老師該怎麼處理？

四、教學輔導教師的建議和協助

1. 甜甜老師當下處置應屬得當，表現穩健。因為會議中無法處理單一學生的狀況，也因為林媽媽當天並未出席，所以一定需要事後才能處理。至於事後之處理，建議：

(1) 會議後儘快跟林媽媽電話聯繫。由於學生是新生，親師間尚未碰過面，若能面談更佳，所謂見面三分情，面談更能培養彼此的關係與信任感。如果林媽媽簡訊內容多屬負面資訊以及夾帶情緒，更需要當面聊聊，即時澄清一些不必要的誤會。

(2) 老師可直接找小林同學私下聊聊。林媽媽的訊息多半來自孩子回家後的片面之詞，或許觀看角度不同，訊息解讀有失公允。與孩子當面聊聊，可以直接瞭解或釐清問題，矯正回家轉述訊息不夠精準之處，也可以讓事情更單純化。

2. 如果會議時間允許，家長們也願意繼續留下來討論，可以交給選出來的家長代表主持這些討論議案。像是問題二「要不要用班費訂購學生版的英文報紙，以提升外語能力」，涉及到班費支出。而問題三「今天與會的家長，要不要互相加入Line群組，方便以後有重要事項聯繫」，屬於家長組織的議題，都需要在場家長的決議，此時導師的角色可以轉換成會議列席人員，由家長進行討論。家長若想諮詢導師有無必要性或給予建議時，導師才表達想法。

3. 家長提到的問題，若涉及導師的班級經營，建議甜甜老師適當表達導師的立場。像是問題一「為了提高班上讀書成效與成績，是不是可以請老師公布段考排名」，即應該向家長表達教育局明文規定不得公布段考排名等涉及隱私權的個人資訊，再者也可以說明公告全班成績並非提高班級讀書成效的唯一方法或最佳方式。此外，將老師預備提升班級讀書成效與成績的做法告知家長，表示導師在這方面已有所思考與努力，讓家長安心。如此，家長當不致產生提議被導師打回票的誤解。

4. 如果會議當下有不知如何回應的提問，建議老師未必要立即回答，可以跟家長說：「關於這個部分，我可能要再想一想才能回覆」，或「這是學校某某處室負責的業務，家長可以直接去詢問，或是由我代為詢問、瞭解情況後，再回覆您。」若當下沒有具體回應，切記務必快速處理回覆，不要

延宕過多時日。

五、事件結果或心得感想

1. 事件後續發展

(1) 甜甜老師在與教學輔導教師面談完當天下午，就以電話跟林媽媽約好時間，預定當週週四進行面談。

(2) 甜甜老師跟教學輔導教師討論後，對於小毛媽媽所提的三個問題，將想法以「寫給家長一封信」的書面方式，附在聯絡簿中，讓學生帶回家給家長閱讀。

2. 教學輔導教師的心得感想

在現在家長對教師信任度偏低的大環境與氛圍下，親師溝通更顯重要。教育政策也一再鼓勵家長參與學校會議或決策，使得家長更常提出特殊意見與思維。而後現代主義下強調差異、尊重不同，家長往往期待老師為自己的孩子提供高標準且客製化的服務，這種情況在社經地位較高的學區特別明顯。但部分家長對孩子的個別期許，卻往往牽涉到全班、甚至全校共同配合的問題。我個人服務的國中，家長介入校務、班務的情況很常見，讓長期從事第一線導師工作的我，感覺受傷與無力，畢竟每班只要有一位這類家長，未來三年大概都會很辛苦地度過。但身為「服務業」的老師，似乎僅能以追求高品質的服務而繼續努力。

◆ 案例回饋

回饋 (一)

針對上述案例，在處理相關問題上，給予甜甜老師幾點建議：

1. 事先透過問卷蒐集家長意見。學校日時間有限，導師可於學校日前，事先發問卷給家長，蒐集調查相關提問，一來可預防有意想不到的提問，導致不知如何回應；二來可預擬或請教其他資深優良教師解決問題或回應的策略。對於所蒐集到的問題，一定要透過學校日、電話、面談或家庭訪問等途徑，讓家長的提問得到解答，以建立家長對導師的信賴。

2. 新接班級可逐一電訪聯繫家長。新接一個班級，建議導師在學校日之前撥冗打電話給每一位新生家長，除自我介紹外，也可以蒐集家長們的疑問，整理歸納後，在學校日當天將答案一併告知所有家長。

3. 透過信件介紹教師自己與學校。在學校日之前寫一封信給家長，自我介紹並說明學校的校規與環境，讓家長對學校有基本的認識。

4. 充分準備學校日的資料，包括：

(1) 導師班級經營計畫，包含班級規範、班親會活動、導師聯絡方式與聯絡時段等。

(2) 任教學科教學計畫，包含行事曆、教學方式、多元評量等。

(3) 家長聯絡通訊錄的空白表格，請家長當天填寫，或導師先打好資料，請家長逐一校對。若成立Line群組或臉書社群，則由家長自由加入，不必勉強。

(4) 家長參與班級志工或學校志工意願調查表。

(5) 家長自治組織表，例如：班級家長代表、財務總管、活動代表、會議記錄人員等。

(6) 特殊學生的特殊需求調查表。

5. 學校日的班親會部分，應該由家長彼此推選會議主席主持。導師改為列席，只在有需要解釋的地方適時加以說明即可。若遭遇無法回答之問題則誠實面對，不即時勉強回答也是一種適當的處理之道。

6. 可以經由教學輔導教師或其他教師引薦，前往鄰近學校參觀資深優良教師辦理學校日的現場實況，以收觀摩學習之效。

7. 事先參考教學輔導教師「班級經營與輔導」層面的教學檔案，從檔案內的文件資料中，瞭解辦理學校日前中後各階段的必要作為與應對技巧。

8. 參考其他教師的文章，或上網蒐集瀏覽數位教學檔案、部落格或網誌等，一定可以找到許多有關學校日家長的提問以及因應的技巧。有關學校日親師座談會的參考文章，例如：

(1) 親師座談該怎麼溝通才有效率？才能真正達到目的？大沈老師分享給家長的一封信。網址：http://bit.ly/2bWHq5K

(2) 許多觀念上的落差是需要做親師溝通的，謝老師首次嘗試用影片的方式呈現，得到許多正面回饋。網址：http://bit.ly/2cdb5tG

回饋 (二)

家長是學校教育的夥伴，是教師教學的合夥人，家長走入學校、參與校務，進入教室、關心班務，已經是現代教育不可阻擋的趨勢。家長建設性的意見可以成為提升學校經營的正向力量；反過來說，家長負向的意見經常會有破壞性的效果。家長的力量既可載舟也可覆舟，端看如何善用，而其關鍵在於親師的互動關係。

親師之間應保持良好的溝通方式、通暢的溝通管道、真誠的互信態度，以建立良善的親師關係，俾利學校發展、班級經營，幫助學生學習。在此前提下，對此案例提出一些思考面向供作參考。

1. 學校日會議問題處理

(1) 甜甜教師應善用過往寶貴的導師經驗。去年的導師經驗中，如果有美好且有效率的班級經營方法應記錄下來，並複製再應用；如果有不好的經驗，則應予修正調整，重新出發。有教學輔導的夥伴教師是幸福的，相伴相行不孤單，良師指導快速引入門。

(2) 對班務說明時所發生的狀況，教學輔導老師與甜甜老師討論出正向具體的因應方法，甜甜老師立刻行動執行，既聯繫林媽媽，也發給全體家長一封信。但也隱約可以感受到，老師似乎相當憂慮現代家長對教師的過度要求，對家長刻意保持著距離。這是現代教師普遍存在的壓力，新手老師尤其懼怕。但是每個階段的老師都各有其優勢，甜甜老師應善用自己年輕、熱情、與孩子接近的優勢，用專業與心力，用認真的行動，來打動學生和家長，很快就會收服學生和家長的心。

(3) 林媽媽透過王媽媽手機給老師看Line的內容，因甜甜老師已當著所有家長面前閱讀，最好能向全體家長說明其內容乃為個別問題，將會後個別回應處理。同時對家長未來若有意見，或類似這種未能出席時的代理意見表達，可以採取的溝通方式和管道，親師可討論並達成共識。

(4) 王媽媽提出的三個問題，第一個問題有法令規定，明確告知家長限制，並和家長一起思考提升學習成效的方法，親師生一起努力，真

是好對策。問題二訂購學生版的英文報紙,包括往後各學習領域的補充教材,甜甜老師可感謝家長提出寶貴意見,並建議回歸教師教學專業,交由各任課教師參考。

(5) 班級家長成立Line群組是現在的普遍現象,也多由家長自主決定。至於導師加入與否,各有利弊得失,值得導師商榷。若決定成立或加入,關於Line群組的使用守則、該遵守的資訊倫理尊重以及個人隱私的保密等,應同時討論,達共識且決議後確實遵守。

2. 教師自我調適與專業成長

(1) 老師應保持開放的心情、接納的態度,傾聽家長的心聲,瞭解家長的觀點和期待,同理家長教養子女的心情,加上自己的教育思維,適當地轉化為教育策略和理念。

(2) 教育學生之外,同時也要提供家長教育新知以及親職教育新知能,幫助家長與時俱進,隨著時代的改變和孩子的成長而調整教養方法,促進孩子正向成長和家庭和諧關係。

(3) 親師生建立開放、多元、有效的溝通交流管道,每天的學生聯絡簿是最例行又直接的方式。善用電子資訊科技,包括電話、簡訊、Line、e-mail、FB等也都是快速又有效的訊息溝通交流工具或平臺。透過這些讓家長瞭解孩子在校學習情形和表現,訊息要既透明公開又重視到個別隱私。家長若能充分掌握孩子的狀況就能放心,家長能放心就對班級更有信心,老師也就更能安心教學。

(4) 新手教師應更積極充實班級經營知能,向資深教師請益,熟知學區家長特性、學生特質、校園文化。或者參加班級經營研習、輔導知能進修、閱讀教育書籍等,以提升教師效能,快速上手,成為有效能又有愛能的人師、良師。

(5) 導師是形成優良班級的重要關鍵角色,但是有效能的導師應該發揮民主教育的精神,帶領親師生共同營造溫馨和諧的班級氣氛,讓人人都有參與感,個個在意班級的榮譽。因此,舉凡班級幹部的選舉、班規的訂定、活動的辦理、班務的推動等,都要透過班會討論形成共識,表決決議後共同執行,並藉此教導學生學習自治,落實民主。

(6) 專業教學是最好的班級經營，教師要以專業吸引學生專心，以多元、活化、創新的教學方法促進學生學習，讓學生喜愛學習、專注學習、有效學習。所以，教師應對教學專業有高度的自我要求，時時進修成長，以確保教學品質。

(7) 應學習教師相關法令以及會議規則，例如：學生輔導與管教辦法、學生在校成績處理要點、《性別平等教育法》、《兒少保護法》等，必要時提供家長參考，並依據法令行事，以及進行會議程序。

(8) 善用學校資源，包括教師同儕的經驗交流、訊息交換，還有教訓輔行政資源的支援或諮詢，發揮學校團隊合作的力量，落實教訓輔三合一的教育功能。如此，老師不但不必孤單地面對問題單打獨鬥，而且將能更有效地幫助親師生解決問題困擾、正向發展。例如：發現學生有心理問題、特殊行為或疑似特教學生，可以立即接洽輔導室，與輔導或特教老師商談，讓輔導或特教專業介入解決問題。

3. 家長配合的引導

家長的配合往往是學校教育成敗的關鍵，老師可以引導家長思考以下觀念與做法：

(1) 「陪伴」孩子成長不是口號，需要挪出時間和心力，加上實際行動。因此請家長積極參加學校的各種會議或活動。最簡單的，就從每學期的學校日開始，瞭解校務與班務，必要時積極協助，真正成為教育合夥人，一起推動學校進步，與孩子一起成長。參加學校活動越多，真心、耐心陪伴孩子成長，與孩子之間會越有話題，親子溝通越發有趣。

(2) 家長走入校園，瞭解學校在做什麼，老師在教什麼，孩子在學什麼，適當的時候還可以善意提出寶貴的建議，供校務發展和老師教學參考，這就是家長正向參與的力量。但參與的同時，也要考慮青少年階段的子女通常追求獨立，希望證明自己已經長大了，逐漸不想依賴父母，甚至開始不願意和父母走在一起，更不喜歡家長「沒事」出現在學校。所以，家長最好能以從事志工服務、協助家長會、參加各種委員會議、參與研習講座等方式，讓自己有「正當名義」可以走進校園。

(3) 家長應該信任學校、相信老師。也許因為職務不同、角色有異，教師與家長各有不同的任務和考量，但共同的目標都是為學生的一切、一切為學生。所以，親師之間需要互相理解並建立共識，再各以不同的做法發揮教育、教養和教學的力量，以期改變孩子、成長孩子。

(4) 家長也要學習成長，瞭解孩子進入青少年期的身心狀況，調整教養和溝通互動方法。而參加親職講座、成長團體、閱讀相關書籍，或者家長之間非正式的交換教養經驗，都有益於幫助孩子成長。

若遇到教養上的問題，或是彼此教育理念不同時，教師記得能以理性的態度、溫和的口氣，與相關人員直接對話，以減少情緒衝突與誤會。必要時，善用例如班級家長代表、家長會、行政處室人員等資源，有效把握時間，及時快速通報處理。

案例 6-3

學校日之後的懸念

關鍵詞：親師關係、親師溝通、導師

一、夥伴教師的情境敘述

學校日已於九月第三週的週五舉行完畢。拉拉老師今年擔任七年級導師，班上學生家長出席率高達九成，顯示對初入國中的子女有著殷切的期盼及關愛。學校日活動在晚上18：00開始，依學校安排的流程，19：00家長入班與導師見面討論，活動預計在21：00結束。

因為有學校規定的事項要宣導說明，光是填寫各項表格資料、講解班級概況、家長代表推派及遴選等就耗去大半時間，以至於拉拉老師無法與個別家長交流學生概況，僅能發給書面資料請家長填寫並交回。書面資料內容龐雜，當日也無法全數收齊，只好留待隔週由學生代為繳交。

學校日活動當天，順利選出家長代表以及分配職掌，主要為協助導師經營班級、管理班費及支援學校活動。雖然活動順利結束，相關的事項也都即時說明並徵詢家長意見，但還是有未能關照到的細節，日後的親師合作似乎仍有需要加強補足之處。

學校日結束後，從家長代表的通訊得知，部分家長對於班級經營有所疑慮與建議，拉拉老師對這些聲音頗感壓力。該怎麼應對，成為現在極想獲得解答的問題。

二、關鍵人物相關背景描述

1. 學校日安排在開學第三週週五晚間，親師班級經營交流時段訂在

19：00至21：00間，僅約2小時。

2. 該班級人數為三十一人，拉拉老師在學校日開始前即著手布置座位，包括桌面姓名牌及家長簽到表等。黑板上也有班上學生用粉筆畫的導師形象，情境輕鬆且有秩序。

3. 拉拉老師主要教授表演藝術科，擁有準博士背景，本學年度才剛從海外返國復職，並擔任七年級導師。雖然留職四年，仍有教學熱情且對擔任導師工作有充分準備。卻因為是藝能課程教師，家長們對教師輔導學生課業的專業存在疑慮，拉拉老師隱約感受到家長期待八年級時能調換學科教師擔任導師。

三、關鍵問題

1. 學校日活動時間該如何分配？
2. 該如何讓家長對藝能科導師建立信任感？

四、教學輔導教師的建議和協助

拉拉老師教學活潑，教材範例的引用能讓學生喜愛上課並樂在學習，教學專業是其自信來源。在接任導師職務前，就已跟校內教師交流導師工作經驗，並確實參與新生訓練以及新任教師職務引導活動（因過去四年赴海外進修，回歸職務的拉拉老師也納入新進教師相關的輔導計畫），所以學校日當天準備充分，並能掌握大部分的流程。

依本校目前導師職務規劃的慣例，藝能科教師僅接任七年級，該班八年級時會由學校安排學科教師接任導師。拉拉老師擔心家長不能肯定其班級經營方法，對此疑慮，茲分析拉拉老師可以執行的策略，建議如下：

1. 制定並簡明條列學生班級公約

請拉拉老師先撰寫十項以內最希望建立的班級願景，再轉化為文字變成班級公約，利用班會或導師時間與班上學生討論，篩選出學生願意合作努力的項目，由班上文字書寫工整的學生製成公約標語海報，貼在教室布告欄，讓學生每日耳濡目染，成為班級努力的目標。

2. 利用班會定期檢核幹部及小老師業務執行概況

進行幹部、小老師的訓練，講解提示擔任各該職務的要點及注意事項。此外，設定檢核週期，分職責或分科設計檢核表，由學生及導師監督考評，並提供幹部、小老師工作的疑難諮詢，使班級教學活動順利，並帶動學生養成井然有序的工作習慣。

3. 建立親師溝通的平臺機制

為了使家長同步參與班級活動，可利用常態性的聯絡簿，將各階段班級經營成果，包括優秀幹部表現、個別學習成就、參與校內比賽結果等，以紙條黏貼在聯絡簿上，在家長簽閱時即可達到聯繫作用。原則上僅作正面優良的公告，目的在形成積極樂學的氣氛，使家長理解並認同導師的教學理念。

4. 整理家長聯絡資訊，組成班級聯絡網

基於個資保護，班級聯絡網可彙整公開的資料有限，因此由導師主動徵詢家長較為適當，並在複印的通訊錄文件上加上保密字樣。平時以聯絡簿的訊息往來為主，冗長或伴隨檔案文件的聯繫，則以通訊軟體或網路郵件方式傳遞。建議拉拉老師不參與家長間的通訊社群，避免流水帳式的訊息覆蓋，造成重要議題失焦。

5. 擬出班級活動行事曆，預告需家長配合事項

在校務會議通過學校行事曆內容後，摘要篩選或增減刪班級參與的項目，比如校慶、國語文競賽、段考等，由學生在班會時書寫摘要，共同整理學期工作任務內容，製作班級行事曆，並提前分派幹部進行工作規劃，確實喚起學生參與班務的意識。班級行事曆建立後，應給家長一份備存，作為溝通聯繫之用。

五、事件結果或心得感想

拉拉老師擅長規劃事務，也具備資訊能力，對於各類班級經營文件皆有資料整理概念，很快就能掌握關鍵重點並付諸執行。

在討論當天可以看到拉拉老師對家長認同的擔憂，並想得到同樣身為藝能科教師夥伴的理解及應對建議。幸好教學輔導教師有四次帶班經驗，所提

供的想法切中要點，給了些許「同是天涯人」的撫慰。

畢竟學科掛帥的校園風氣仍是主流，在家長有疑慮的情況下接任導師原本就有跛腳感，若因此而瞻前顧後、綁手綁腳、過度揣測，造成導師畏縮無為的形象，恐怕更難化解家長的不信任感。所以，建議拉拉老師透過積極的班級經營作為，用有系統的分工方式帶領學生學習團體合作，並公開透明各階段的班務成果，讓家長因理解而安心配合，肯定藝能科教師也能成為勝任卓越的導師，也才能在八年級時將班風穩健的班級順利交給另一位導師。

◆ 案例回饋

回饋 (一)

針對拉拉老師學校日後的親師交流策略，茲給予以下建議：

1. 新生訓練時，導師就可以先擬好一封致家長的問候信，請學生帶回去給家長，於信中邀請家長參與學校日活動。

2. 新生入學後有許多表單要填寫，建議可以將學校交辦事項及相關表單提早請學生帶回給家長填寫並收回，再於學校日當天簡要說明即可。

3. 學校日大多只有半天（大約三個鐘頭），而且導師真正可以利用的時間通常最多是2小時。在這有限的時間內，導師需先著重說明班級經營理念，讓到校參與的家長瞭解自己的班級經營方針與策略。至於未到校參與的家長，導師也必須在事後以書面資料告知班級經營理念，甚至可以直接打電話表示問候之意，與家長建立友好的親師關係。

4. 若時間許可，導師亦可於學校日後進行家庭訪問，但須事先與家長聯繫並取得家長同意。進行家庭訪問時，也要注意自身的安全。

5. 能否將班級帶好主要繫於導師有沒有用心，與導師在該班授課幾節其實並沒有直接關係，所以並非只有學科教師才能帶班三年，藝能科教師應努力為自己建立好口碑的導師形象，讓家長與學校可以有信心的讓藝能科教師帶班三年。

6. 這是一個親師合作的時代，如何使學生適應學習與生活，是親師需共同合作、一起努力的目標，而其中導師扮演著重要的關鍵角色。導師透過身教及言教，對學生發揮正面影響力，是每位家長對導師的期待。現在也是

一個資訊時代，親師之間的溝通平臺比以往更多元，如何善用多元的溝通平臺，也是導師要努力學習的。

回饋 (二)

　　拉拉老師為表演藝術科教師，甫自海外返國復職即受聘兼任七年級導師，開學第三週的學校日活動前，在同仁的協助下，進行了充分的準備，當晚的活動也順利結束。惟班級經營理念說明時間稍嫌不足，是唯一美中不足之處，會後風聞部分家長對於導師的班級經營產生疑慮，拉拉老師隱約感受到家長期待八年級時學校會更換導師，因而承受不小的壓力，頓時陷入班級經營的困境中。

　　事實上，毫無證據顯示該班所有家長都希望八年級時更換導師，或認為藝能科老師擔任導師不利於輔導學生的課業。因此，建議拉拉老師可以化被動為主動，學校日後立即分批邀約家長到校面談，或個別進行家庭訪問，藉機向家長清楚說明導師的班級經營理念與做法（例如：成立班級讀書會推廣親師生閱讀、籌組班級球隊培養團隊精神、辦理假日旅遊凝聚班級向心力）。同時，誠懇地與家長溝通導師對於孩子課業及平日生活教育的要求，適當地對家長傳達導師給予孩子的關懷及對孩子未來學習的期待。一旦家長感受到老師的熱忱及用心，不僅能化解對於藝能科老師擔任導師的疑慮，也會願意支持並配合導師的班級經營計畫，將原有的阻力化為助力。

　　此外，拉拉老師具有很好的專業，能有效活化教學課堂，班上的學生喜歡其上課方式，自然樂在學習中，相信多數學生回家後會與父母分享上課情形。家長透過與孩子的對話，能夠進一步認識老師的教學風格及敬業態度，對於藝能科老師兼任導師將更具信心。

　　拉拉老師後續也可以利用各種場合或適當機會，對全班學生表達帶領班級邁向卓越的期待和渴望，絕對有機會翻轉學科掛帥的校園風氣，順利將孩子帶到畢業。事實上，教育現場很多帶班口碑一流、深獲社區家長肯定的績優導師正是藝能科教師。

案例 6-4

家長不信任、學生不配合，我該怎麼辦？

關鍵詞：親師座談、親師溝通、班級幹部、服務精神

一、夥伴教師的情境敘述

阿舜老師在進入本校前曾於某私立完全中學任教八年，並擔任多年導師，故相當熟稔親師座談的準備工作，亦瞭解親師座談現場情況。阿舜老師於本校親師座談日前，也仔細備妥應發放的資料，以及詢問本校家長可能關心的議題。

不料在座談會時，小緯媽媽當眾詢問本校近幾年升學詳細情形，阿舜老師當下無法立刻提供具體數據，只先給了一個大概的答案，並承諾在座談會後再給予詳細答覆，請小緯媽媽可先上學校網站相關處室查詢，小緯媽媽並沒有進一步追問，但面露懷疑與不悅。親師座談會後，阿舜老師因無法立即給予完整詳細的答覆，覺得有失專業形象，顯得十分在意，擔心因此無法得到家長信任。

此外，阿舜老師開學時採取學生自行推選方式選舉所有班級幹部，但開學兩週後發現同學推選的班長小婷和副班長大銘非常不適任，不能委以重大責任。阿舜老師希望在不傷害當事學生的情況下，說服學生重新推選適任的幹部。

阿舜老師也觀察到班上學生對班級公共事務並不熱衷，每次徵求自願服務的學生時，學生多半冷眼旁觀，阿舜老師只能採取抽籤或輪流方式。

二、關鍵人物相關背景描述

1. 阿舜老師

今年初到公立學校任職，先前曾於某私立完全中學任教八年，並擔任多年導師。

2. 學生家長小緯媽媽

學校日當天小緯媽媽較晚進入教室，當時阿舜老師已進行到QA時間，所以小緯媽媽還沒有翻閱手冊就直接發問。其實手冊中已提供有學校部分的升學數據，阿舜老師請其翻閱手冊，小緯媽媽有些惱怒，並且追問更詳細的數據資料。

3. 班長小婷

經阿舜老師向小婷的高一導師詢問後，才知班長小婷在高一時與班上同學人際相處有問題，提名她當班長的學生即是小婷高一班的同學，當時似乎是在作弄的意味下推選出她當班長。小婷剛開始時很開心能得到同學認同，但她總是以命令口氣發號施令，且多次誤解老師或學校處室要班長傳達的事務。有一次甚至完全忘記學務處交辦的任務，使得全班延誤繳交報名表而失去參加機會。

4. 副班長大銘

副班長大銘活潑外向、人緣佳，提名他當副班長的學生是大銘高一班的同學，該生因為知道大銘有遲到的習慣，故連同其他大銘舊識起鬨，共同提名他擔任必須每天登記遲到名單的副班長，如此即可免於被登記遲到而遭老師責罰。大銘果真仍維持高一慣性，開學第二週起，幾乎天天無法於7：40前到校執行勤務。

三、關鍵問題

1. 小緯媽媽於親師座談會對於阿舜老師不滿意，老師應該如何處理？
2. 阿舜老師該如何協助班級幹部提升執行能力？
3. 阿舜老師該如何凝聚班級向心力，讓全班一起投入團體事務？

四、教學輔導教師的建議和協助

1. 親師溝通

(1) 陪同阿舜老師至教務處註冊組索取歷年升學資料後，與阿舜老師共同研究整理，並建議將資料附在第一次段考成績單，提供給家長。

(2) 建議阿舜老師持續留意本校升學資訊，以便於下次親師座談能回覆類似的提問。

2. 班級經營

(1) 阿舜老師應與不適任幹部清楚說明重新推選幹部的理由，並安撫其情緒。

(2) 與小婷高一導師聯繫，以瞭解小婷先前的紀錄與人際狀況。

(3) 前往輔導室拜訪輔導老師，深入瞭解小婷的情形。

(4) 主動與大銘家長聯繫，以瞭解並改善大銘遲到問題，進而遏止班上遲到風氣。

(5) 向全班同學重申班級自治的重要性，清楚說明重新推選幹部理由與規則，儘速選出新任幹部，解決班級問題。

(6) 建議選出新任幹部後，每個月安排一次幹部會議，共同討論與解決班上問題。

(7) 建議除了幹部外，班級公共事務可以採取付委制，讓更多有能力的同學參與。

(8) 建議運用週記進行班級經營活動，例如：讓同學在週記上書寫「觀功念恩」等感謝鼓勵小語，利用同學的讚美增強幹部的責任心與榮譽感，把師生所期待的班級自治發揚光大，進而架構起有愛、有服務熱忱的班級。

五、事件結果或心得感想

　　開學兩週以來，家長不信任、學生不配合的問題困擾著夥伴教師。阿舜老師初來乍到新環境，就遇到較棘手的家長與學生，實為一大挑戰。但多年的教學經驗使其快速發現學生行為問題所在，沉靜、從容、理性且耐心地面對並處理親師溝通、班級事務，這點相當值得肯定。其次，雖然阿舜老師在

私校有近十年的導師經驗，但仍細心觀察，關心學生，從個別學生的角度出發，體恤學生個別差異，嘗試找尋原因及解決之道，實屬難得。

家長方面，阿舜老師在學校日當天班親會上的處理應屬得宜，多數家長應不至於因一個小問題而不信任導師。惟因本校乃是升學導向的高中，家長關心在意的議題可能與非升學導向的私校家長較不相同，阿舜老師可以先行向其他資深導師蒐羅家長可能提出的問題，以及教師應做的適當反應。

學生方面，阿舜老師在私校一直不能施行自由開放式的管理，轉到公立學校後，在開學之初，便想在新班級嘗試以民主自由方式進行班級經營、選舉幹部、制定班規等。但經本次事件，教學輔導教師與其討論之後認為，對該班學生應採取彈性但堅持原則的帶班準則。未來再帶班時，建議阿舜老師可在開學前詳閱學生先前的輔導及獎懲紀錄，以方便掌控學生個別問題。再者，阿舜老師可運用團體制約，例如：利用同儕力量，來幫助遲到或表現不好的學生。阿舜老師也可利用週記和學生筆談，慢慢瞭解他們，讓學生知道老師的真誠，進而拉近師生距離、促進相互溝通，進而型塑阿舜老師期望的班風。

觀察與瞭解此一事件，教學輔導教師認為阿舜老師對於班級相關問題的處理態度積極，處理方法與程序得宜，家長和學生應該都能感受到老師的用心與熱忱。

◆ 案例回饋

回饋 (一)

1. 對親師溝通的建議

(1) 對於小緯媽媽，除了儘速提供升學資料之外，建議阿舜老師藉由對小緯學習狀況的瞭解及關心，建立親師信賴關係：

　① 立即蒐集升學資料：教學輔導教師陪同阿舜老師前往教務處註冊組，索取歷年升學詳細資料後，與阿舜老師共同研究整理。

　② 儘速瞭解小緯學習狀況：詳閱小緯於校務行政系統中的個人資料，並仔細觀察小緯在校學習狀況。

　③ 最好儘速於學校日後一週內，將蒐集整理的升學詳細資料以及小

緯的學習狀況傳送給小緯媽媽，讓家長感受導師對自己提問以及
對小緯學習狀況的重視與關心，建立彼此的信賴關係。

(2) 建議阿舜老師持續留意學校升學資訊，以便於未來能夠回覆家長相
關的提問。

2. 對班級經營的建議

建議先處理本學期發生的班級幹部問題，下學期若阿舜老師對學生有更
深入的認識後，再仔細思考並規劃新的班級幹部產生方式。

對本學期的班級幹部，由於導師讓同學推選幹部，開學才兩週就要勸退
現有幹部，重新推舉，不但顯示老師對於幹部產生方式的規劃失當，也沒有
讓現任幹部有改善及成長的機會。因此，建議阿舜老師可以分別跟班長小婷
及副班長大銘詳談，給一個期限，協助他們兩位改善現況；若期限到了，狀
況仍然非常不理想，再思考如何換幹部（這需要有細膩做法，讓過程對學生
而言都是一種學習）。有協助歷程與改善期限，這樣才能讓這兩位學生真正
成長，也可以讓班上其他同學體會班級自治的歷程。

回饋 (二)

1. 親師溝通

在親師溝通方面，建議能夠建立網路資訊平臺以傳遞學校活動事務，增
進親師溝通交流管道，以及有利澄清教育理念。

建議阿舜老師未來若再遇到這種看重升學率成果的家長時，除了提供可
得的資料之外，同時要建議家長多引導子女認識自己，瞭解自己的興趣和能
力所在，俾利確認未來發展進路。

此外，建議阿舜老師建立網路平臺或以電子郵件傳遞或分享資訊，讓家
長除了家長會之外，可以透過網路即時知悉學校各項大小活動事務。但提醒
老師在分享資料時，必須注意學生個人資料保護，避免個資外洩。

若班上多為明理家長，亦可以利用Line建立親師交流管道。但要注意家
長的類型，若有過度干預班級事務的家長，或總以個人利益為優先的家長，
則須斟酌使用，同時也提醒阿舜老師注意使用Line時的文字表達。

其實阿舜老師具有八年導師經驗，應有一定程度的自信，無須因為家

長臉色不好而否定自己準備不周。路遙知馬力，日久見人心，在阿舜老師用心無私的長期帶領下，家長會明白他們的孩子多有福氣是由阿舜老師擔任導師。教育是看長期的影響，無須因單一事件而影響情緒、熱忱，過度在意家長的反應有時反而讓帶班綁手綁腳。教師一定要學會善待自己，別把一時的挫折當成傷害，而要看做不斷成長的契機，否則教育這條路走不長。教師可以敞開心胸，理性看待家長的焦慮，正向思考若親師間沒有對話將是孩子最大的損失，教師若能藉機與家長建立信賴關係，也許更能增加彼此成長機會，對教育有更多體悟，而且無論做什麼都能事半功倍。

2. 不適任幹部

在不適任幹部方面，建議不輕易改選或撤換，轉而先思考如何鼓勵學生挑戰自我，從幹部服務中建立自信。

每個學生都有犯錯再學習的機會，建議阿舜老師先找不適任的班級幹部進行晤談，瞭解學生是否仍有服務班級的熱忱，就算學生表示氣餒、不願繼續擔任，也可試著以危機就是轉機來說服之，告知人生是不斷累積修正的，每個機緣都很重要，不要輕言放棄，鼓勵孩子挑戰自我、突破自我，也許孩子便能從幹部服務中找到自信，創造個人成功的經驗，瞭解試探自我極限的意義。教育是需要等待的，老師以不輕易放棄的「身教」，鼓勵學生突破，學生觀察老師的作為，發現老師是認真的，他們也就會認真的對待自己。

若仍選擇即時更換幹部，更要注意當事者的情緒，避免自我否定，或者就此產生逃避的性格。建議阿舜老師再賦予責任，提供適合其特質的工作給當事者，讓他知道自己對團體仍是有貢獻且不可或缺的，從中獲得成就感，學生表現通常會更好，而學生產生自信後，未來發展會有更多可能性。如果沒有適合的工作給學生，為防範當事者可能產生負向想法，阿舜老師更要隨時察覺學生的情緒波動，適當介入或提供建議，紓解學生的壓力。

3. 班級歸屬與認同感

在班級歸屬與認同感方面，建議建立班級回饋制度，由同儕互評發掘亮點，提振班級歸屬與認同感。

阿舜老師可以建立班級回饋制度，在每次段考後進行匿名回饋，針對導師想要強調的正向特質進行匿名投票，讓同學互評，以期發現亮點，讓學

生在團體中獲得榮譽感與安全感，也感受到同儕間的彼此接納。只要有歸屬感、認同感，班級的學習風氣就會更好。藉此回饋活動，每位同學也能自我反省，發現自己在群體中的角色地位，進而修正、改善言行，營造出導師想要的班級氣氛。

回饋 (三)

1. 家長方面

(1) 既是一所重視升學的學校，建議在學校日之時，可由校方（教務處註冊組）安排時間，請家長到禮堂，提供並說明最精確的升學統計資料。若家長晚到又不願翻閱手冊，老師即可依此資料向家長說明，建立起家長及導師的良好關係。若家長對現場所提供之資料仍覺不足，可透過註冊組長協助讓家長明白學生升學詳細資料。

(2) 若學校無法協助，導師又未能及時提供最完整詳細的升學資訊，而受到家長質疑，建議事後儘速至註冊組取得資料，並在學校日過後三日內與家長聯繫，給予仔細的說明。

2. 班級幹部方面

(1) 在新學期初選班級幹部之時，便可告知學生一個月之內就要進行全面改選，以避免不適任幹部被撤換、又要加以解釋的窘境。

(2) 在幹部能力訓練方面，有以下建議：

① 若遇到幹部不適任、又無法重選的狀況，要與學生妥善溝通，從旁仔細觀察，並注意學校宣達的班級事務，適時提醒或教導該如何處理。對於容易遲到的點名幹部，可先與家長聯絡，協助其準時上學，並請幾位同學提醒。若仍未改進，再建議重選。

② 事先備妥幹部職責手冊，利用班會時間逐一宣達並做調整，其後再開幹部會議重申班級幹部的重要性，培養學生的責任感及榮譽感，提升學生的執行力。

③ 設計問卷讓同學反映班級幹部的工作概況及檢討事宜，找出可以肯定的優點及可以改進的空間，再和班級幹部討論。在書寫之前，要先向全班同學說明此問卷的目的乃是要讓班級變得更好，

讓班級幹部知道同學們的想法及期待，相信也能從中獲得學習與成長。

④ 確實執行班級幹部的獎懲制度，以便在班級經營上可以有更積極的態度。

案例 6-5

我哪有不接電話、哪有凶？

關鍵詞：親師溝通、師生互動、帶班理念

一、夥伴教師的情境敘述

　　有一天訓育組長打電話過來，問夥伴教師：「帶班還好嗎？有沒有什麼困難？」夥伴教師說：「還好。」組長：「你們班有家長反應，打電話給你，你都沒有接，打了好幾次都一樣。」夥伴教師說：「通常上課時我一定不會接，回家之後我希望有一些自我的空間，所以手機不一定放在身邊。開學學校日的時候，我都有跟全班家長說明，有事打電話沒人接的時候，可以傳簡訊，我看到簡訊一定會回，現在我手機裡面還保留有跟家長溝通的簡訊。」夥伴教師覺得簡訊比電話好的原因是，在發簡訊的時候，可以斟酌用字遣詞，避免出現一些情緒性的詞彙，讓彼此都有一個緩衝的空間。

　　除了上面的狀況，也有家長和學生反應，說夥伴教師上課的時候很凶，覺得他好像情緒失控，而且很多事都不太想管。但是夥伴教師很清楚自己並沒有失控，只是對學生的一些行為感到生氣，認為他們已經這麼大了，為什麼該做的事還是沒有做好，講了很多次也一樣。另外，夥伴教師把事情交代給幹部，就是希望幹部負起責任，而班上學生能夠自立自強，他在旁邊觀察，在需要的時候再提供協助就好了，不必要事事都是老師在管，學生自己也要長大才行。

二、關鍵人物相關背景描述

　　這位夥伴教師所帶的班級以及其個人背景描述如下：

1. 全班45人，女生23人，男生22人，學生略為活潑。
2. 九年級的班，前兩年是一位很有經驗的國文女老師擔任導師。
3. 夥伴老師第一次接班，對於學校文化與家長期待較不熟悉。
4. 夥伴老師有自己的理念和堅持，但也能適時調整。

三、關鍵問題

1. 如何暢通親師之間的溝通管道？
2. 如何傳達並落實自己的教育理念？

四、教學輔導教師的建議和協助

針對這位夥伴教師的親師溝通與班級經營，提供以下五點建議：

1. 與家長聯繫方面，因為並不是所有的家長都會出席學校日，所以可以提供「給家長的一封信」，其中包含導師的聯絡時段與方式，讓家長知道並收在身邊，有需要時和導師聯繫，就不至於發生家長有事聯繫不到老師，而破壞親師之間的關係。

2. 國三班級雖然並未規定需要家訪，但是對班上有較多意見或是學生狀況較多的家長，還是可以安排。畢竟見面三分情，面對面溝通可以即時回應家長的意見，家長應該會較為安心，老師也可以把自己帶班的理念和想法與家長分享，讓家長對新導師有一定的瞭解，說不定可以得到家長的幫助，有助於未來更加順利的推動班級事務及活動。

3. 學生請假時，除了家長可以用簡訊之外，導師應該另外再打電話和家長確認，以免有些學生利用一些小聰明，用家長的手機向老師請假，實際上卻流連在外，安全令人憂慮。

4. 可以成立班級家長的Line群組，對訊息的傳遞、彼此的交流等都有一定的助益。家長藉由老師發布的資訊以及家長的分享回應，可以對小孩在學校的活動狀況多一些瞭解。老師也可以發布一次就讓所有家長都知道，不必像簡訊要一封一封的回應。當然針對沒有網路或是沒有智慧型手機的家長，可以另外用e-mail或電話聯絡，以確保每位家長確實掌握訊息。

5. 新導師必須向全班學生及家長多多宣導帶班理念。每個人都有自己

的風格，前兩年由別的老師帶，現在換自己，所有的學生與家長都需要重新適應，找到最好的相處方式。對於自己堅持的理念，只要是對的，對學生成長是有幫助的就要堅持。老師可以生氣，但是必須對事不對人，也要跟學生說明老師生氣的原因，以及老師希望學生怎樣做，這樣學生才不會覺得老師愛生氣，也知道怎麼做才對。長此以往，學生就會朝老師希望的方向進步。

五、事件結果或心得感想

1. 現況

(1)已經成立家長的Line群組，除了聯絡簿之外，學校聯絡事項也用Line讓家長知道，後來就沒有家長再反映找不到老師了。

(2)學期中藉由很多活動，讓學生和新導師的相處更加融洽；也藉由一些機會教育，灌輸學生正確的觀念和做法，新導師的教育理念慢慢地落實在班級經營上。

(3)班級的各項活動表現及學業成績有明顯的進步，代表班級的向心力和凝聚力正逐漸增強中，符合導師的期待，也表示學生能理解和接納新導師的做法。

2. 教學輔導教師的心得感想

導師一定要有自己的帶班理念，正確的一定要堅持。和家長充分溝通，則可以幫助導師更瞭解學生及家長的期待，讓彼此的磨合更加迅速。學校生活就是一直不斷地引導學生，找到學生的長處，並且改掉缺點，讓學生變成更棒的人。

◆ 案例回饋

回饋 (一)

依教學輔導教師之陳述，此案例的夥伴教師遭遇的困擾問題有兩項：一為親師溝通，一為班級經營管理。然而細察之，這兩項問題可以整合成一關鍵焦點，即是教師如何善用溝通管道，讓親師生三方皆可正確收到彼此所傳達的訊息。

　　第一次接班，對於學校文化與家長期待不甚熟悉，且接手的是緊鑼密鼓面對會考的國三生，對於一位新接任的導師而言，最大的問題是：無法有更多時間與學生及家長培養感情，默契及建立彼此互信關係。

　　何以言之？從家長向校方反映導師一直未接手機，而導師一再強調已向家長們說明請其使用簡訊、且希望保有自我空間一事，即可得知家長與新任導師間尚未建立相互理解的關係。依親師互動模式的常態而言，家長的反映可以解讀為家長希望以電話為聯繫管道，能以電話直接且立即地與老師聯繫並得到回應。身為導師，事務繁雜瑣碎，無法在當下即時回應家長的電話，雖然可以理解，但若能於課堂後或放學前，利用幾分鐘予以回電，除詳問來電原委，再藉此機會向家長委婉建議改用其他方式，例如：家長群組系統等，作為溝通平臺，或者建議在哪些空堂時段比較方便電話聯繫等，當可免除此一誤會。

　　案例中夥伴教師認為以簡訊為媒介，透過文字書寫可避免情緒語言及衝突。依我之見，所謂簡訊是指簡短留言，對於事情的談論往往無法全然盡意。若真有需要詳談，面談是不錯的方式，所謂「見面三分情」，藉由聲音、表情的輔助溝通，可以適時發揮舒緩緊張關係的效用。

　　在班級經營及師生關係方面，由「已經這麼大了，為什麼該做的事還是沒有做好」、「把事情交代給幹部，就是希望幹部負起責任，而班上學生能夠自立自強，他在旁邊觀察，在需要的時候再提供協助就好了」等文句，可以感受到夥伴教師的情緒是高漲的。夥伴教師提到自己會在「旁邊看著」，在「旁邊看著」也發現一些問題，但是除了一連串情緒語言的堆疊，所謂「提供協助」的具體作為並未出現。學生與新導師未能建立互信及默契，將教師行為解讀成「上課的時候很凶」、覺得「好像情緒失控」等，雖然學生觀點失之偏頗，卻也顯示出教師班級經營不無疏漏之處。

　　情緒是主觀感受，當雙方立場無法相同時，主觀情緒容易帶來反效果。但是，與其讓學生覺得老師只會一味發脾氣，何不藉此機會教育且協助學生一起解決問題？例如：利用班會時間，師生共同針對以下問題進行省思探討：「國三學生已經這麼大。在我心目中他們是有多大？他們希望自己在別人眼中又有多大？」、「所謂該做的事，在彼此的觀點上是指什麼事？」、「所謂沒有做好的部分在哪裡？做好的標準為何？無法做好的原因為

何？」、「幹部為何無法負責？是懶散不負責？還是遇到他們無法處理的事項？」、「為何班上同學要自立自強？有何原因讓同學無法自立自強？」、「老師有在學生需要的時候提供協助嗎？」等。當問題釐清後，與學生逐一討論解決方案，師生間產生共識，再一起將事情予以完成。

教書之路不難，難在教人。中學教師永遠面對著一群群正在長大、可塑性最高的學生，與其說我們的責任是教導學生如何面對學習、如何解決問題，不如說教師本身在教學的同時也不斷尋思並翻轉自己。若有人問：情緒管理及語言表達能力如何培養及訓練？我必須坦言：教學路上每一時、每一刻的磨難與試煉，都是最紮實的課程。

回饋 (二)

案例中夥伴老師提供的親師溝通管道為電話聯繫和簡訊回覆。雖說曾經告知家長，來電時若正值夥伴教師授課，無法立即接聽，但會以簡訊回覆，但若家長未留下簡訊，夥伴教師便無法或不會回覆或聯繫。此外，夥伴教師認為下班後即為私領域，所以不便隨時接聽家長來電。以上做法或想法，導致該班家長向學務處訓育組反映經常有聯絡不上導師的困擾。

教學輔導教師建議夥伴教師可以運用學校日或「給家長的一封信」，提供自己方便聯絡的時段與方式，展現老師對於親師溝通的重視，並便利親師聯繫，這點應力求能夠做到。但要注意，提供聯絡資訊不宜貿然提供全班通訊錄，提供全班通訊錄雖然看似熱心，但事涉他人隱私，故建議夥伴教師切莫在未經全體學生及家長同意下擅自提供。再者，家長致電聯繫導師，通常是交涉自家孩子相關事務，能提供最迅速、最確切資訊的必然還是導師，未必適合要家長找家長代表代為聯繫或轉達，造成其他家長的困擾，老師還是應該願意直接面對家長。

夥伴教師也可以視課務狀況，提供適切的空堂時間，讓有溝通需求的家長可以預約到校晤談。另外，早自習結束前家長可能還未上班，亦是聯繫的好時機，建議夥伴教師可利用此時段主動致電聯繫家長。

導師對於班級經營與學生輔導可以表現更積極的態度。教學輔導教師可以鼓勵夥伴教師「從合作角度去思考親師關係」。老師是關懷孩子的另一雙眼睛，在孩子發生行為偏差之初，若能以專業的敏銳觀察，配合適切的親師

溝通，主動提醒家長共同關注改善，如此多半能夠獲得善意的回應與信賴，也能收到防微杜漸之效。

　　至於教學輔導教師提議成立班級家長Line通訊群組，則可視需求建置。夥伴老師可告知群組通訊以公告班務活動為主，若有個別討論建議，仍請家長以電話溝通為宜，避免群組內家長成員意見相左而產生不快。

　　夥伴教師在班級經營方面，還遭遇到學生及家長反映老師情緒失控的批評。夥伴教師認為九年級學生應有自治能力，班級幹部應能發揮管理功能，然而事與願違，因而在授課時對學生傳達了生氣的情緒。教學輔導教師可以適時提醒夥伴教師身為繼任導師切勿心焦，可將此類因積弊積習形成的班務問題，留待班會時間理性溝通處理，以避免帶著緊繃的負面情緒在上課。

　　在初任導師便接手九年級班級的情況下，建議夥伴教師可以讓學生透過書面或口頭發表方式，回顧這個班級七年級和八年級時，哪些同學曾經擔任什麼職務，運用什麼方法帶領大家共創了哪些難忘的、榮耀的回憶。繼任導師藉此觀察瞭解該班次級文化和同儕互動狀況，又能讓學生在回顧過去的同時展望未來，九年級新任幹部也可以得到經驗與使命的傳承。當師生間型塑出班級共同願景後，相信夥伴老師會更容易帶領班級養成良好的自治風氣。

回饋 (三)

　　對於已適應原導師兩年的家長和學生，要重新面對一位新導師，尤其是在國九關鍵時刻，其惶恐、焦急與不安可想而知。如何無縫接軌，讓家長與學生接受和支持新導師，需要一些策略和方法。

1. 知己知彼

　　向原先導師請益帶班的模式、甘苦，瞭解家長和學生特性、意見領袖、各項活動和競賽表現與成績等，尤其是有哪些要特別注意的人和事；另外，也可以從行政和其他師長處瞭解該班的一些狀況，資訊越多越好，以便累積經營這個班級的先備知識。

2. 做好功課

(1)將班上學生的照片、姓名、電話、住址，以及家長姓名、職業、聯絡電話，和前面所提知己知彼的先備知識，彙整成一個檔案。每一

位學生的資料中並留有空白,以便不時加入新的資料。檔案列印乙份,以供備用。

(2) 準備好「給家長和學生的一封信」,內容包括:問候、理念期許、班級經營方式、配合事項等,更可附上教師聯絡方式、行政單位電話、學校行事曆,以及升學和輔導相關資訊。

(3) 參考國七、國八的情況,預先規劃可能的家長分組分工負責人選、班級家長代表人選、班級幹部人選、畢業紀念冊製作人選等,在不干涉的前提下相機推薦,對推動班務應有所幫助。過程當中如有更好的人選,也當樂觀其成。

3. 現場實境

(1) 建立信服魅力:最好在一週內大致認得每位同學,並讓他們知道你賞識他的優點和專長。當然,第一堂課的另一個重點是表達未來一年你的班級經營方式和期許,讓他們安心接受你,相信你將陪伴他們共同經歷國中這關鍵性的一年,酸甜苦辣齊嚐,陰晴雨霧共度,在風聲、雨聲、讀書聲中,因為你的專業、敬業而共創美好的國中回憶。

(2) 做好基礎建設:包括座位安排、班級幹部選拔、畢冊製作同學選定、班級共同規範修訂、師生溝通聯絡模式建立等。

(3) 融入生活同心:包括積極參與學生各項活動和競賽,給予支持、鼓勵和獎勵。學生課業、身心狀況不穩時,給予關懷、包容和協助。透過面談、聯絡簿、e-mail、Line等加強聯絡和溝通,以達到交心與同心。

4. 危機或特殊事件處理

危機或特殊事件的處理策略是瞭解原因、真誠面對、積極處理、尋求資源、省思精進。具體方法則包括:

(1) 透過行政和班級家長代表瞭解是個案還是通案。如果是個案可請家長到校或進行家訪處理,最好有熱心、支持導師的家長在場。其次亦可考慮行政人員或老師,以便協調緩頰。如果是通案,就需要召開臨時班級座談會,視事情大小,邀請行政人員、家長會會長或代

表參加。

(2) 在談論危機或特殊事件時，可檢視聯絡和教學方式是否有補強、精進之處。例如：打電話找不到老師，可否約定每天什麼時間打電話，打不通用Line、e-mail、聯絡簿留言，甚至每週上班時間，導師空下一至兩堂沒課時間可供家長來校面談。至於上課被反映太凶，如果偶一為之，瞭解原因之後，立即改善並做好情緒管理即可；倘若是經常性、動不動就發脾氣，那就要向其他老師或行政人員請益，必要時入班觀課，做專業性的諮商和輔導。

(3) 透過分工分組，讓家長多多參與班務，瞭解導師，同甘共苦，化危機為轉機，親師生和樂融融，收穫滿滿過365天。

國家圖書館出版品預行編目資料

教師協作：教學輔導案例輯／張民杰，賴光真
主編. -- 初版. -- 臺北市：五南, 2017.07
　面；　公分
ISBN 978-957-11-9209-3（平裝）

1.教學輔導　2.個案研究

527.4　　　　　　　　　　106008588

1IZY

教師協作：教學輔導案例輯

主　　編 ― 張民杰（215.1）　賴光真

發 行 人 ― 楊榮川

總 經 理 ― 楊士清

總 編 輯 ― 楊秀麗

副總編輯 ― 黃文瓊

責任編輯 ― 陳俐君　李敏華

封面設計 ― 陳卿瑋

出 版 者 ― 五南圖書出版股份有限公司

地　　址：106台北市大安區和平東路二段339號4樓

電　　話：(02)2705-5066　　傳　　真：(02)2706-6100

網　　址：http://www.wunan.com.tw

電子郵件：wunan@wunan.com.tw

劃撥帳號：01068953

戶　　名：五南圖書出版股份有限公司

法律顧問　林勝安律師事務所　林勝安律師

出版日期　2017年 7 月初版一刷
　　　　　2019年 8 月初版四刷

定　　價　新臺幣300元

※版權所有‧欲利用本書內容，必須徵求本公司同意※

五 南
WU-NAN

全新官方臉書

五南讀書趣

WUNAN
Books
since1966

Facebook 按讚

1秒變文青

五南讀書趣 Wunan Books

★ 專業實用有趣
★ 搶先書籍開箱
★ 獨家優惠好康

不定期舉辦抽
贈書活動喔！！

經典永恆·名著常在

五十週年的獻禮 —— 經典名著文庫

五南，五十年了，半個世紀，人生旅程的一大半，走過來了。

思索著，邁向百年的未來歷程，能為知識界、文化學術界作些什麼？

在速食文化的生態下，有什麼值得讓人雋永品味的？

歷代經典·當今名著，經過時間的洗禮，千錘百鍊，流傳至今，光芒耀人；

不僅使我們能領悟前人的智慧，同時也增深加廣我們思考的深度與視野。

我們決心投入巨資，有計畫的系統梳選，成立「經典名著文庫」，

希望收入古今中外思想性的、充滿睿智與獨見的經典、名著。

這是一項理想性的、永續性的巨大出版工程。

不在意讀者的眾寡，只考慮它的學術價值，力求完整展現先哲思想的軌跡；

為知識界開啟一片智慧之窗，營造一座百花綻放的世界文明公園，

任君遨遊、取菁吸蜜、嘉惠學子！